蔚州

被岁月掩埋的往事

THE DUST-LADEN PAST

蔚州

董耀会◎著

被岁月掩埋的往事

THE DUST-LADEN PAST

北京大学出版社
PEKING UNIVERSITY PRESS

目 录

第二章

沐浴夕照，领略古村堡文化

第三章

蔚县剪纸，充满希望与活力

第四章

蔚县秧歌——劳动者的歌剧

第五章

古老神秘的宗教寺观

自序

1982年，我第一次到蔚县。此后的30年特别是近几年，承蒙中共蔚县委员会和蔚县人民政府邀请，自担当蔚县的顾问以来，走过蔚县大大小小很多的古村落。往事如烟，蔚县的往事，已经成为经久耐读的故事。

第一次去蔚县是先坐火车到张家口，然后坐长途汽车，一路颠簸，走了很久，才到了一座又小又破的县城。我至今还记得，那辆老汽车沿着丘陵路艰难地爬行，好像随时都有可能停下来，再也走不动了似的。而现在从北京到蔚县一直是高速路，十分畅通。

改革开放以前，蔚县是一个很贫穷的地方。蔚县古城和众多的古城堡之所以能保存下来，贫穷是一个主要因素。因为没有钱盖新房，所以就没拆老房子，结果给后人留下了一道独特的风景。当时全国比较富裕的地方，基本上把古城给拆了。

现在一些所谓的古城，不过是现代城市里有几处古迹而已。历史的痕迹已经成为碎片，很难找到古城的感觉。在蔚县就不一样了，每次站在蔚州大地上，我的思绪都会回到历史的记忆中，会想起数千年来，在这片土地上笑过、哭过的人们，还有那些早已随着昨日风烟，淡出生命时空的故事。

蔚县的“蔚”字，在字典、词典里的字义解释只有短短的一条：地名，在今河北省西北部。“蔚”的读音是yù，这个字，人们常常读错。

蔚县方言和普通话有很大的差异，蔚县人说普通话稍微快一点，外地人就会听不懂。只有在说“蔚”字时，蔚县方言中的读音和标准普通话中的读音才完全一样。千年蔚州，九朝古城的一切始终深深地吸引着我。

在这本书里，我想把蔚州被岁月灰尘掩埋的往事，把划过历史天空，在蔚州留下心灵轨迹的昨天人物，把孤独山峰所见证的阳光和风雨，讲给大家听。阳光之下，我想带领大家去感受千年蔚州，去认识这座九朝历史文化名城。

“蔚”字做地名，还不仅是中国的蔚州。我去韩国时，发现韩国也有一个叫蔚州的地方，就是蔚州郡。这个地方是韩国最大的传统瓮器生产基地。蔚州郡温阳邑外高山里的瓮器会馆，每年都会举行大型的“外高山瓮器节”。韩国的蔚州可能和中国的蔚州有渊源。今天的蔚县人，还是把在别处都叫缸的器物叫做瓮。

我虽然了解蔚县，却很难用一种程式化的语言来描述这座城市，感觉用简单的赞美之语无论怎么概括蔚县都不合适。现代社会给蔚县古城赋予了更多新的文化内涵，它既是一座简单的古城，又是一座复杂的古城。

说蔚县简单，是因为这个城市在今天的社会中并不显得特别重要。现在的蔚县只是河北偏北的一座县城，经济上远远落后于沿海发达城市，也没有太多引以为傲的内容称耀于世。

说蔚县复杂，是因为在中国历史的长河中，这座城市曾多次担当过重要的城邦角色。而且这座古城以其历史文化和民俗文化特色闻名华北，甚至可以说是闻名全国，乃至世界。

蔚州古城是一座保存完好的历史文化名城，一座历史悠久的千年古城，是一个充满传奇色彩，令人充满遐想的地方。所以，不论是古老的蔚州，还是今天欣欣向荣的蔚县，都绝不是简简单单几句话就可以形容的。

如果非要用一句话来概括蔚县，我只能说，蔚县是一个值得花费时间和精力用心解读的地方。

引言

蔚县古称蔚州，又称萝川。在东经 114° 11′ ~ 115° 04′，北纬 39° 33′ ~ 40° 12′。地处河北省的西北部，北枕张家口，东临京津，南接保定，西倚大同。蔚县地处恒山、太行山、燕山三山交汇之处，大部分地区属于山间盆地。特别是恒山余脉自西向东，将蔚县围成南高北低的山地、丘陵、平原三个地貌不同的区域。

蔚州是北京的西北屏障。在古代，蔚州为北京阻挡着游牧民族南下的兵马。盛夏时节，这里比北京凉快，白天温度至少要低 4℃，昼夜的温差会更大。

蔚县历史悠久，是中华文明的重要发祥地之一。早在 200 万年以前，人类的祖先就在这块土地上生存，创造了远古文明。那时候，这里是泥河湾古湖边缘地带，亚洲最早的古人类就生活在这个湖边。蔚县北水泉镇东窑子头村和北马圈村等十余个乡镇的几十个村庄，均出露有泥河湾地层。这里与阳原的古人类遗址同属于泥河湾遗址群范围，都是中国古人类的故乡。

在东窑子头村的大南沟东陡壁断面上发现的旧石器是中

国目前发现的最古老的人类制造的工具，也是研究中国人类文化起源，从古猿向猿人进化断代的有力证据。根据对石器存在地层的综合研究，可以断定，石器的时代为上新世，距今约300万年。

从东亚人类起源地泥河湾遗址，经旧石器时代到连接五千年华夏文明的新石器时代，在蔚县都有丰富的文化遗存出土。

夏王朝时的中国是万邦之国，这里是万邦之一。商王朝时的中国是千邦之国，这里是千邦之一。周王朝时有八百诸侯，这里是八百分之一。由此之后，生活在这片土地上的族群渐渐地成为游牧部落。战国时期，这里又再次逐渐向农耕文明靠拢。

历史是什么？无非是时间、空间和曾经生活在那个时间与空间内的人。当时间和生活在那个时间段的人都成为过去的时候，只有在空间里留下的一些遗存，可以让我们感受到曾经。

当过去的辉煌变成了一片废墟和残存的时候，就是历史。蔚县的代王城遗址和蔚州古城，还有遍布蔚县的古村堡，就这样向我们诠释着历史。

蔚州

被岁月掩埋的往事

THE DUST-LADEN PAST

第一章

走进千年蔚州，九朝古城

走进蔚州古城，抚摸每一堵饱经风霜的残墙，叩问每一块字迹模糊的断碑，都可以倾听到深邃而久远的历史回声。漫步在蔚县，你会有一种穿过历史长廊，与历史对话的感觉。古城古堡是那么的古老，历史的脉络是那么的清晰。

“蔚”用于蔚县一带地名的来历，有两种说法。一种说法是战国时期赵国老将廉颇屡立战功，赵孝成王十五年（前251）把“尉文”封给他，号信平君。“尉文”即后来的蔚州地，蔚州由此得名，只是不知道“尉文”的尉，何时加了草字头。另一种说法是蔚州因蔚汾河而得名。谭其骧先生认为，“蔚”作为州县之名，源自蔚汾河流域逐步东迁，最终定位今蔚县。

不管地名的来历如何，“蔚”字真正用于地名，是在公元557～581年间的北周时期。那时今天的蔚县称为蔚州，

若抚摸这饱经风霜的残墙，就能够听到深邃而久远的历史回声。

在这之前，此地一直称“代”。蔚州这个新地名，标志着一座城市生命的新起点，也成为今人了解这座城市历史密码的钥匙。

相传代国是商王汤所封的诸侯国之一，也就是说早在春秋战国之前，就已经有了代国。春秋末期，这个以游牧民族为主体建立的国家，活跃在今河北省西北部、山西省东北部。

现在已经无法考证代戎游牧的马群，还有吱呀作响的车轮，在向前没有目的的行驶过程中，是何时最后停留在了今天的蔚县——这片水草丰美的地方。在这里，代戎渐渐改变了逐水草而居的生活，并逐渐由半定居过渡成为定居民族。代国的都邑故地，就在今天的河北蔚县，代王城遗址至今仍可以让人感受到当年代国都城的基本风貌。

《史记·匈奴列传》中记载，秦、晋为强国时，约在公元前 7 世纪，“燕北有东胡、山戎”，这里说的山戎，是代国的创国部族——代戎。《后汉书》里记载：“周贞王八年（前 461）秦厉公灭大荔，取其地。赵灭代戎，即北戎也。”赵国灭代国后，将边界北移，蔚州就成为农耕民族与游牧民族的杂居之地。

赵国在赵简子时期，为了向北发展，扩张赵国的势力，首先想到了兼并代国。为了达到修好周边、宁国强兵的策略，赵简子采取了一个实际步骤——把女儿嫁给代王，发展两国的关系。

春秋末期，赵襄子（赵简子的儿子）做了赵王之后，北伐夏屋（代县草垛山）时，设计诱骗代王来聚会，命令厨人操铜斗击杀了代王及其随从。赵襄子利用代王的轻信和大意，灭掉了代国，抢夺了代地。

赵武灵王是历史上著名的政治家、军事家和改革家，公元前 307 年，赵武灵王要求自己的军队改穿北方游牧族——胡人的短装，以利于骑马射箭。这项改革的主要实施地就在今天的蔚县一带。

赵武灵王在代地试行“胡服骑射”，继而推广到全国并获得成功。他不仅倡导了“胡服骑射”，还在北方修筑了著

古老的城堡虽然不大，却隐藏着了解蔚州历史密码的钥匙。

名的赵长城。战国赵长城就应该起于蔚县境内。

秦始皇十九年（前228），秦军大破赵军，并一举攻破赵国的首都邯郸，俘获了赵王迁，赵国被灭。赵公子嘉逃到代地，自立为王。凭借代国的天险和地利坚持了六年，后亦被秦军所灭。秦始皇统一中国后，分天下为三十六郡，而代地独为一郡，称代郡。

秦汉之后，历经三国、西晋、东晋等朝代，其间有偶称代国，但大多数时间为代郡。在北周静帝大象元年（579），开始设蔚州治，“蔚州”这个地名，第一次在历史上出现。

从此之后，“蔚州”就成为这片土地使用了1400多年的名称。负责确定下“蔚州”这个名字的官员，绝对不会想到这片土地，在后来的一千多年里，经历了怎样的历史变迁。穿过这段岁月的云烟，可以寻找到中华大地曾经分分合合的历史记忆。历经北周、隋、唐、后唐、辽、金、元、明、清九朝，蔚州一直是北方的一座历史名城。

蔚州不仅历史悠久，更是个心胸开阔能容纳不同民族繁衍生息的福地。至今，在这片盛开美丽雪绒花的地方，还可以观赏到世间最古老丰富的风土人情。这里积淀的历史沧桑和辉煌，已经成为今天的宝藏。

蔚县处在历史上民族矛盾和经济矛盾比较敏感的地区，这里曾是农耕与游牧族生存的分界线。古老的烽火与狼烟中的王朝更替、铁马冰河，演绎了可歌可泣的故事。

蔚县这片土地上发生的历史，可以国、郡、州、县的建制划为四个阶段。虽然从地域和行政建制上来说，这里是越来越小，可它却也见证了中国历史的发展。每一个历史时期，古老的蔚州文化又会被那个时代注入新的活力，焕发出勃勃生机。蔚县的月光很诱人，蔚县的阳光很温暖，蔚县人的日子过得很祥和。

凝重苍茫，遥望古城秋色

现在从北京出发去蔚州古城，可取道经官厅水库北岸的京张高速，再转张石高速，约280公里的路程。沿途基本上都是北方山地丘陵地貌，苍茫凝重的北方山地景观，无论什么季节都是很美、很壮观的。

哪怕只是一处屋檐，一个风铃，都可能会引出一段美丽的故事！

如果从东面的路进县城，进入的则是新城区，所以看不到古城墙。蔚州古城墙保存较好的部分在西、北两段，而且很短，总长度不足2000米。在县城东面远远遥望，那高耸的城楼也仅余南边的万山楼和北边的玉皇阁，现代化的建筑已经冲淡了昔日的古老与荒凉。

追溯中国历史就会发现，中国古代的“城”与“墙”是一

个很难区别的概念。古文献中的“城”既代表城市，也代表城墙。城墙既构筑了中国古代大小城市的外观，也规定了城市的范围。很难想象，古代没有城墙的城市会是什么样。蔚州古城的城墙和其他中国传统城市一样，承载着重要的历史与文化。

如果选择另一条道路，从涞源县方向的公路穿过飞狐峪，飞入眼帘的将是一幅古城画面。离蔚州尚有数里之遥，就可以远远看见一座雄伟壮丽的古城楼，城楼西侧竖立着一座闪耀着古老文化光芒的古砖塔。

太阳西沉，挺立在残阳夕照中的古城楼和古塔，一个壮阔伟岸，一个苍劲挺拔，雄踞在一片低矮的砖筑民居平房之中，愈发突显其险关重镇的韵味。

进入古城，最先见到的这座五开间三重歇山式雄伟城楼，叫万山楼。古楼在1947年毁于战火，现在的城楼于1997年重建。

“万山楼”的“万山”是指古城南面的大南山。明代蔚州知州韩印曾有诗赞曰：“万岭童童草树芟，女墙四面对空岩。风霜都向壶中老，星斗真疑壁上嵌。”登上万山城楼极目眺远，天地之间的壮丽景色，可以尽收眼底。

万山楼下的蔚州古城，威严的城门，高大雄健的城墙、城楼、瓮城都静静地述说着这里曾经发生的一切。聆听掠过耳边的风声，仿佛可以触摸到修建这座城池的工匠、戍守这座城池的将士的体温，感受他们的勤奋与悲凉、真挚与怅然。

初哉首基
7211111
7212222

（左页图）进入蔚州古城，就能看到这座雄伟的万山楼。

明代蔚州之北是边防重镇张家口，蔚州卫乃“京师之肘腋，宣大之喉襟”。它地处北方军事的前沿，担负着宣、张两镇之后盾，京城之卫城的重要作用。因为北方游牧民族军队的快速骑兵可以不日直抵城下，“入宣右及蔚”，还可“入大同左及蔚”。由此可见，蔚州在历史上重要的军事地位。

蔚州是长城地区的军事重镇，长城地区是中国历史上政治、经济、文化、军事最为活跃，民族融合与冲突最为激化的地区。长城是游牧和农耕的自然分界线，长城以北地区是广漠草原，是干旱、少雨、多风沙的游牧区；长城以南则是相对多雨、多水，平原多于山川的农耕地区，无边无际的大片耕地，越往南越肥沃。

长城以北的游牧民族，生性犹如广阔荒凉又粗犷豁达的高原大漠，野性剽悍。长城以南地区生活的农民则温和柔韧。性格上的差别是一方面，更主要的是经济上的互补性。农耕区需要游牧区的马匹、牛羊和毛皮，而游牧民族生活不能缺少农耕区的粮油、绸缎和棉花布匹，还有茶叶等。

南北的经济交流有时是和谐交往，有时却是处于一种混乱无序状态。北方游牧民族常年游动，居无定所，生活必需品的紧缺使他们更需要依赖长城以南的物资，如果正常交换渠道不畅或抢掠没有很大风险的时候，南下掠夺就会经常发生，民族矛盾由此产生。

秦、汉以前北方就有西戎、东胡常常“扰边”，到了秦、汉时期有匈奴，后又有鲜卑、突厥、契丹等游牧民族，他们面对南方农耕民族丰衣足食的诱惑，常会乘骑南下，历史上的长城沿线地带，战争的狼烟不时就会燃起。

农业经济需要一道保护性屏障，这就是修建长城的原因。长城防御体系不仅仅是一道孤立的墙体，袒露在北方游牧骑兵的马队前，城墙、关隘、城堡组成了长城防御的纵深。长城内侧地处京畿重地的蔚州，有许多坚固的古城堡，就是长城防御纵深的体现。

蔚州这种军事防御功能在明朝表现得最为明显。明成祖当年之所以迁都北京，就与北方大草原的蒙古族骑兵有关。明朝 270 多年里不断地修筑长城，主要就是防御来自草原的

古老的烽火台告诉人们，这里作为长城防御体系的一部分，曾是京城重要的门户。

蒙古族骑兵的进攻。蔚州城，在明朝的很长时间里一直是首都北京的重要门户。

古代商家、兵家皆很看重蔚州。商旅在此云集，军队在此集结，都因为蔚州进出京城的便利。蔚州商人进京，做皮货、白麻、山货生意。在京城落脚的南方商人，又要把他们的茶叶、丝绸、布匹等运到蔚州来，由此继续向北方流通。从京城到蔚州，即便是古代的马车，来往最多也就是三五日的路程。

经济发达了，文化就会随之昌盛起来，北京城的文化光辉同样映照着京西第一州——蔚州。北京带给了蔚州博大厚重，带给蔚州繁华锦绣。蔚州同样以自己独有的文化渊源和厚重历史，给北京带去了边关所独有的沧桑与幽深。

古代进出蔚县的通道关隘，有八大关隘之说。南边自西而东有石门、北口、九宫口、松枝口、金河口；北边自东而西为鸳鸯口、榆林关、五岔口。八大关隘中的北口，就是飞狐古道。

太行八陉，险峻的飞狐古道

蔚县的飞狐古道是中国古代交通地理中一个著名的地方，这条古道是从太行山地区进入恒山以北的桑干河流域的一条最重要的通道。此路山高林密，谷窄峡长，经常有狐类动物穿梭其中，古人以为是一种会飞翔的狐，所以将这条山谷称为“飞狐道”。古代的飞狐道既是一条艰辛、神秘之路，也是一条绚丽、逶迤、峥嵘之路，马队响着铃声，叮叮当当，清脆响亮，走在这条悠扬而漫长，却没有多少人烟的路上。

这里是中国历史上著名的飞狐古道，路边突兀的巨石名为“一炷香”。

飞狐古道从涞源盆地北部洪积地带，向北沿河谷行至

黑石岭，就进入了山势磅礴奇特的“四十里峪”，穿越恒山，便抵达飞狐道的北端北口村，这里就是昔日的飞狐口。黑石岭以南的山谷相对开阔，地势较为平坦，可视为涞源盆地的延伸部分，而由黑石岭向北两侧危山高耸，只有这一条飞狐古道可以通骑。狭窄的飞狐峪，乃“一夫当关，万夫莫开”之险地。

古人从河北平原中部前往桑干河盆地，进而向北前往内蒙古草原地带，因出发地与目的地的不同，可选择的道路大约有五、六条，其中以飞狐道最为著名。这条通道一直是中原民族与高原民族、北方边地的交通要道和军事要隘，历来是兵家必争之地，商贾往来和文化交融十分频繁。现在的207国道绕开了黑石岭，通过上庄、草沟堡，穿山越岭，作为主要交通干线连接着保定地区与张家口地区。

嘉庆重修《大清一统志》卷三九宣化府山川门黑石岭条记载，“石黑色，势绝险，明嘉靖中始筑城戍守”；卷四十古迹门有黑石岭堡条，说黑石岭堡“在蔚州东南黑石岭上，接广昌县界，明正德三年筑堡，周二百四十步，本朝设把总驻此”。由此可知黑石岭堡才是飞狐道的主要标志。

飞狐道的得名，有两种说法。一是形容道路艰险，仅“飞狐”可渡，一是少数民族地名的音译。涞源与蔚县交界的黑石岭和蔚县境内的“四十里峪”，是飞狐道最险峻的路段。四十里峪是从黑石岭北麓的岔道村算起，到北口村结束，长约20公里。

飞狐道又称飞狐陉，是太行八陉中的第六陉。蔚县飞狐口也曾被称为常山关，常山是恒山的古名。太行八陉中的每一陉，都是太行山的重要通道，历史上皆以雄险而著称。曹操在《苦寒行》诗中就有“北上太行山，艰哉何巍巍；羊肠坂诘屈，车轮为之摧”的诗句，描写太行八陉的险峻。

有关飞狐道名称的文献记载，最早见于《后汉书·王霸传》：“诏霸将弛刑徒六千馀人，与杜茂治飞狐道，堆石布土，筑起亭障，自代至平城三百馀里。”这条道路的利用与开发应该是可以追溯到战国时期，顾炎武在《日知录》中说“春秋时代未通中国”，这个判断还是正确的。春秋以前，代地和中原还没有成熟的交通道路。

飞狐古道的开通时间，应该是在赵简子时期。当时，代国所辖的地域大致就是今河北省的怀来县及以西，山西省阳高、浑源县及以东。代国南隔着延绵的高山与赵国交接，飞狐道是南通赵国的唯一通道。

赵襄子吞并代国时的进军路线，一定是由常山进入飞狐道，到达今蔚县的代王城，虽然当时这条路还不一定就叫飞狐道。赵襄子灭代国之后，使代地纳入到了赵国的统治范围，扩大了赵国的北部疆域，奠定了以后进一步拓展赵国版图的基础。

赵武灵王时期向西北进军林胡、楼烦，灭亡中山，赵孝成王时期李牧灭楼烦、破东胡、降林胡，都以代地作为战略基地。应该说从那时起，经过今蔚县一带的飞狐道，这条与

城门洞石板上深深的车辙，述说着这里往日的繁华。

中原的联系通道，已经是赵国北方的一条生命线。

《史记·赵世家》很详细地记载了赵武灵王西北之征："十九年……王北略中山之地，至于房子，遂之代，北至无穷，西至河，登黄华之上。"这里所说的代就是今蔚县，无穷就是今张北一带。"二十六年，复攻中山，攘地北至燕、代，西至云中、九原。惠文王二年，主父行新地，遂出代，西遇楼烦王于河西而致其兵。三年，灭中山，迁其王于肤施。起灵寿，北地方从，代道大通。”这里说的武灵王巡行中山“新地，遂出代”，接着又说“北地方从，代道大通”。“代道”毫无疑问就应该是后来被称为“飞狐道”的这条古道。

东汉建武十二年 (36) 时，塞外叛将卢芳与匈奴、乌桓之军联合，多次侵犯汉朝边境，东汉光武帝刘秀就曾令骠骑大将军杜茂与另一将领王霸屯守北疆，令他们“治飞狐道，筑亭障，修烽燧”，致使匈奴、乌桓长期不能南下。

三国时，建安二十八年 (223)，曹操派子曹彰率兵北征乌桓。大军沿拒马河北上，穿越飞狐道的百里大峡谷，冲出飞狐口，越过代郡全境，把乌桓驱赶到汉长城以外，保障了代郡边地的安宁。

魏晋南北朝时，晋朝刘琨、后燕的慕容重、北魏的拓跋珪，都曾征战在飞狐峪。北魏末期，葛荣在河北起义时，大都督尔朱荣曾吁请朝廷准其发兵出飞狐口，对起义军实行侧背包抄。此后，历史文献记载的唐、宋、辽、金、元，各朝代的很多军事行动，都会涉及飞狐道。特别是 1213 年，成吉思汗指挥 15 万蒙古骑兵第三次进攻金王朝时，他亲率大军迂回南下，偷取飞狐口，袭击紫荆关，从西南方向进攻中都，彻底打败了金兵。

到明代初年，朝廷除在北方长城沿线屯戍重兵外，另以亲王典兵，镇御重地。明成祖迁都北京以后，明中期建设长城“九边”，分大同、宣府与蓟镇，从东、北、西三个方向，拱卫京师。瓦剌、鞑靼入侵长城时，本来可以由大同经居庸关长驱直入，进攻京城。但由于居庸关一带山势较险，兵力部署又较多，防卫十分严密，所以常常是从大同进入河北，再由飞狐口向东南过太行山。这种迂回北京西南侧翼的进攻方式，一度成为瓦剌、鞑靼部落的主要进攻战略。

蒙古骑兵经常通过飞狐道进入华北平原，所以，明代将内长城从北京城西北一直延伸到这一带。土木堡之变时，瓦剌也先（瓦剌部首领）俘获明英宗朱祁镇后，也是挟明英宗自飞狐口入紫荆关，再围攻北京城。因此，顾祖禹评价说“飞狐，盖山北诸州之禁喉也，紫荆倒马两关恃飞狐为外险，诚边陲重地矣。”

觅史寻踪，追寻千年代王城

建筑是凝固的艺术，所有人类的建筑都是刻写在建筑物实体上的历史与文化。建筑对人类而言除了遮风避雨的实用功能外，也有精神上的需求。所有的建筑都依据人的意识建造，必然会寄托人类的一些精神。一座座古代建筑，往往与历史和民族有血肉般的关联。就如长城一样，今天已经成为中国历史和中华民族的形象与代名词。

关于蔚县地域就是代国中心区域的记载有很多，蔚县代王城在春秋战国时期是代国的都城，秦、汉时期为代郡，使用时间跨度近千年之久。昔日的繁华记录着一个诸侯国曾经有过的崛起、昌盛和衰败。

代王城遗址是蔚州一个重要的符号，其在今蔚县县城东北 10 公里处，代国的繁荣与昌盛早已成为过去，但古国的遗迹依稀尚存。诸如“杜家城门”、“南箭”、“刮沙地”、“太子梁”、“八圪墶”等早就成为历史遗迹的地方，驻足其间，扑面而来的历史沧桑感油然而生。

经过了两千多年的风雨，古时辉煌的代王城已是面目全非。

代王城的建筑规模相当庞大，曾经的高堂大殿，如今已是农村的田野。古时旧国都，今日农家畴。在这片海拔 915 米高地上的古城遗址圈内，散居分布着 19 个自然村。许多村名都与代王城池遗址有关，如“南门子”、“北门子”、“城墙碾”，以及“水门头”等。从这些村名来推断，还可以想象出两千多年前，古城九门九关的雄伟壮观。

据文物部门考证，代王城最早形成于 2800 年前。其平面布局为椭圆形，城墙东西宽 2200 米，南北长 3400 米，整座城池周长 9256 米。墙体由黄土夯筑而成，今天墙上的夯土层还隐约可辨，每层夯土约 25 厘米厚。个别的遗址墙上残留有成排的圆孔，这有可能是在夯筑时使用夹棍的痕迹。

代王城现在南部墙体保存较好，最高的残墙约有十多米高。城墙体共有缺口 19 处，在城墙碾村曾出土了大量的基石，从所残存的遗迹来判断，城墙碾村是代王城的西门遗址。两千多年来，不知有多少车马行人穿过这座城门。

在代王城遗址，随处可以见到一堆一堆的残陶、瓦片等文物遗存，遗址圈内大规模的遗址就有十多处。其中一处遗址在一条小河的北岸上，小河蜿蜒向西流去，遗址处南面为三米深的断崖，断崖的断层处明确显示出灰坑、灰土层、文化层，其厚度大约有两米左右，地面、断层、灰层、灰坑至今保存有大量泥质灰陶片、夹砂灰陶片，以及红陶片等古建筑遗物。

代王城遗址留存的一些陶片很坚硬，一般多饰绳纹和附加堆纹。在古老遗存的灰坑里还夹杂着古兽骨，有马的牙齿和其他动物的遗骸。残存陶片中可以分辨出陶罐、陶豆、陶壶等物，根据遗物品质来判断，很多陶片和瓦片可确定为战国、汉代时期的遗物。

除了代王城遗址北台地有很多的文化遗存之外，代王城东遗址、二村遗址、北门村遗址，也都先后出土过大量的陶片。多是有饰绳纹的泥质灰陶，与王村西南遗址出土的品质差不多。这些遗存也属于战国、秦汉时期。在古城墙外也常常发现铜镞，都是早期冷兵器时的战争遗物。看见这些古兵器，令人想起曾有过的战火硝烟。

古城遗址偏北处有一座小城堡，高约 11 米，状成方形，边长 40 余米，遗垣也为夯土墙，据说为当时代王所居城堡。但后来经过考古人员实地勘查发现，城墙体遗留有辽代白釉瓷片，证明这座小城堡是辽代以后的建筑。

代王城遗址上的宫殿遗址，分布在一个又一个高高隆起的坡地上。这片遗址上还发现了很多古民居的痕迹，出土了一些古人日常生活所用的器皿。在出土的多种器型中，个别的器物带有文字和戳印。据考证，古城在西汉时期还相当繁荣，到东汉时才日渐衰落，在北周时逐渐走向萧条，以后完全败落以至废弃。

在干宝的《搜神记》中就讲了一个修筑代王城的故事。在刚开始修筑代王城时，曾在一夜之间丢失了筑西南城墙使用的木板，后来发现那九块木板都自然矗立在45里外的沼泽地里，自然结连沼泽中茂盛的芦苇，形成苇墙九门的态势。于是代王城就在那里起址，奠基兴建，并依苇墙九门之形态开设九门。这九座城门的名称，分别为正南荣阳门、东南兴隆门、正东宝源门、东北迎海门、正北富农门、文胜门、西北兴圃门、正西钟秀门，以及西南崇德门。

明代著名学者尹耕在《两镇三关志》中说："蔚废代城，俗呼代王城，周二十五里，九门遗址尚存。"关于代王城九门的"板干一夜自移"的故事，浪漫而动人，但终为悬幻，显然只是一个传说，不过也可从中感受当年兴建代王城，是何等的规模宏大，气势非凡。

如今远望代王城，村舍炊烟袅袅，茫茫田野中，颓废的残垣断脊在城址间或鼓显凸起，坍毁废弃的九门也还依稀可辨。在2000多年前，先人们就在这万山褶皱之中辟地为城，创造起较为进步的城市文明。

有人说中国古代缺少城市文明，这是不客观也不够准确的说法。在蔚州大地就可以寻到中国的早期城市文明存在的根据和物证。代王城一直以坚固的城堡保护着这一地区人民的生产和生活。凡是古代出现了大型城池的地方，毫无疑问都曾有过灿烂辉煌的城市文明。看蔚县代王城，就可以感受古代中国早期城市文明的缩影。

秋去春归，古城悠远的起源

历史是看不见也摸不着的，当你感觉可以清晰地分辨与欣赏历史的时候，其实你只能看到自己脑海中的历史，或是自己想象中的历史。只有当你看见具有历史意义的古代建筑时，历史模糊的轮廓才会清晰起来，才有了具体的形状感。在这片土地上，春秋战国时期代国的建筑，只存有遗址了，但蔚州的建筑却保留下来不少。

蔚州古城的历史，就仿佛这座高高耸立的密檐式砖塔，悠长高远。

进入蔚县县城，远远地看见一座巍峨的城楼和一座高高耸立的密檐式砖塔，矗立在前方。在这片浑黄绵绵、起伏不平的大地上，还有那一座座颇具规模的古堡，成片的古堡，透着古老而又新鲜的文化气息。蔚县的古堡之多，令人叹为观止，蔚州古城就是这些古堡的核心。

追述蔚州的历史，东魏孝静帝天平二年（535），北灵郡的郡治设在蔚州城，并始置蔚州，蔚州城成为州治。从这时开始正式用“蔚州”名，开启了新的行政区划建制时代，从此进入了“蔚州”的历史。这片土地以“代”作为地名的历史篇章，便彻底翻过去了。

北周大象二年（580），正式称蔚州城。隋大业三年（607），设雁门郡，蔚州地归属雁门郡管辖，为灵邱县辖地。唐朝开元十二年（724），蔚州城为安边县治所在地，属蔚州。天宝元年（742）移蔚州于安边，改为安边郡，治设安边城，即蔚州城。至德二年（757）改为兴唐郡，乾元六年（758）又改为蔚州，蔚州城依然是郡州的治所。

五代十国时期，形成了藩镇割据的局面。这时的蔚州已经完全脱离了唐王朝的统治，先后属后唐、后晋，但地名依然是蔚州，并且始终是州治所在。宋、辽、金时期，宋仍设蔚州，归属云中路，但时间很短就被辽所占领。辽时蔚州隶属西京道，设蔚州，并增设灵仙县，州、县同治蔚州城里。金时接承辽制，仍为蔚州，属西京路。到了元代，蔚州属中书省上都路顺宁府。

从五代十国开始，一直到元朝覆灭的460多年间，今天的蔚县一直在少数民族政权的控制之下。这一时期的经济类型，也是半农半牧，以牧为主。

明初蔚州属山西大同府蔚州，洪武七年（1374）又置蔚州卫，属山西大同行都司，卫治所在蔚州城。明代实行卫所军屯制，才使这个地区再次恢复以农耕为主的经济类型。当时河北及现在的京津地区是京师所在地，大批军队屯驻河北、山西，并设置军屯。军屯的军户都是携带家眷，垦种政府划拨的耕地。到清代，这些军户逐渐变成当地居民，世代繁衍在祖辈驻守的地方。

明宣德五年（1430），蔚州归属万全都司管辖。州、卫治所同设蔚州城，并以南北大街市分为东西两部分，街东属

寂寞的古村堡。

于蔚州卫辖制，街西属于蔚州衙门辖制。这种军事机构和行政机构并存的情况，在长城沿线很常见。

清朝初年，沿袭明代建制，仍是卫、州并置，卫、州的治所依然是一同设在蔚州城。康熙三十二年（1693）改蔚州卫为蔚县，属宣化府，州、县治同设蔚州城。雍正六年（1728）蔚州改属直隶宣化府，州治仍设蔚州城。乾隆二十二年（1757）将蔚县撤并蔚州，州治依然是蔚州城。

1913 年改蔚州为蔚县，从此“蔚州”的行政建制与称谓被撤销，开始了“蔚县”的名称与县治的历史。民国初年，蔚县属直隶省口北道，县治设蔚县城里。1928 年蔚县划归察哈尔省，属察南地区，县治设在蔚县城里。

1952 年，察哈尔省撤销，蔚县划归河北省张家口地区。

代王城逐渐退出历史舞台后，“蔚州”在这片热土上诞生了。后来“蔚州”又一点点淡出历史，“蔚县”就成为这座历史名城的名称。这片古老而神奇的土地上，行政名称虽然时有变化，但不变的是蔚县人民代代承传的文明火种。

蔚州北临内蒙古，南依恒山，处于内、外明长城之间，历史上处在雁门关以北的雁北地区的东侧。蔚县现在的行政区划是归河北省下辖，在很长的历史时期里，与山西省的关系也十分密切。看蔚县的历史文化，一是要联系蔚州作为京城周边的卫星城，二是要从地域上关照到张家口和山西雁北地区。

古时，各民族在这里相互影响，融合发展，其印记至今还留存在各个角落。

历史上，蔚州地区是兵家必争之地。在过去漫长的岁月中，农耕文化中的汉民族，游牧文化之中的北方少数民族之间，曾经在这里有过长期持久拉锯般的斗争。蔚县处于汉民族抵御北方游牧民族的前哨阵地，也是农耕文明和游牧文明相互影响的边缘地带。

历史上不同的民族间，即有斗争又有融合，斗争的过程也是融合的过程，这种融合促进了中华民族的发展。北方游牧民族曾以蔚州这片靠近张家口、大同两个重要关口的要地一次又一次南下，然后不断被农耕民族同化，这个过程同样对农耕民族产生了深远影响。

明媚阳光下，蔚州城的世事沧桑

来到蔚县，第一个感觉就是蔚县的阳光很明媚。阳光给古城投下梦幻般的光环，令人仿佛看见无数绚丽多姿的梦。

在蔚县最热的季节，阳光下也没有酷暑的感觉。1400多年前，蔚州的建设者聪明地将这座城池的修建地选址在飞狐峪的冲积扇面，壶流河南岸的平台上。他们完全知道自己修建的这座城池是要抵挡来自北方的骑兵。农耕地区历朝历代都始终不敢轻视对北方游牧民族的防御，因为这种防御稍一放松，这个地区就可能会陷入万劫不复的境地。

古人修屋建房都离不开风水，修建蔚州城这么重要的

静静流淌的壶流河。

一座城池，更要用风水的功能来宏观把握城池整体系统之间的关系。关于蔚城的建筑选址“北枕壶流，南扼飞狐”的说法，说明当初选择建筑位置考虑很周到，选取的地理位置很优越。

从北周大象二年（581）到明朝洪武五年（1373），前后相隔了790多年，而那时蔚州城的规模、布局、建筑风格皆无准确的文字记载，无从可考。乾隆版的《蔚县志·城池篇》里，也用惋惜的口气言道:“惜乎记载缺失，莫得其本末而纪之也。”

蔚州城建在靠近壶流河的位置，这是一片北高南低的土地。玉皇阁正处在坡度比较明显的最高的台地上。玉皇阁大殿所处的地面海拔915.2米，而玉皇阁北面的壶流河河堤的海拔是899.2米。建筑玉皇阁的基础地面是全城的最高点，把玉皇阁这样为全城最辉煌的统领性标志建筑建在最高台地上，使其起到统领全局的作用，完全符合中国古代建筑风水学中“以北为尊”的观点。同时，面向正北的玉皇阁视野最开阔，可以更好地观察城内外的各种情况。

玉皇阁作为全城建筑的中心，还在某种程度上起到了城市风水之中的“靠山”作用，统领了全城的风水运道。因为在平地上建筑城池，不可能有后山作依靠。

蔚州城主要是防御北方来的敌人，更需要北方的开阔，所以也就更不可能在城北找“靠山”。蔚州古城南边的翠屏山和更远些的大南山，则起到了古代建筑风水中的“案山”、“朝山”的作用。

蔚州城的水系运用也很讲究。在古老风水学中,“反弓水”是指城前水如弓状，弓背向城，则主凶，不吉利。“腰带水”是指城前有水环抱如束带，主财运吉利，兴旺发达。古语云:“去水为死，来水为生。”

风水学中将河流视为真水。河流都是保持惯性而冲刷凹岸，并且不断的冲刷会使河流的弯曲度越来越大。城池如果建在凹岸，日久必然会受到河水的冲击。城池如果是建在凸岸的话，日久城外就会有越来越多的淤积，城池外面的空地就会越来越大，发洪水时可起到保护城池的作用。

壶流河正好在蔚州城西北方向，缓缓地向北兜了一个近似半圆的大流线，水流在蔚城北面形成的河道，正好像一条腰带紧紧地围住蔚州城。蔚州古城借助壶流河的地利，以“腰带水”加强城池的防御性能，有着深层次的军事防御意义。

当初建设蔚州城的决策者们，之所以选在壶流河南岸筑城，肯定不仅是考虑了风水的优劣。它是要将壶流河作为一道军事防御意义上的“天堑”，来加强城池的防御能力。来犯之敌在攻打蔚州城之前，首先必须要跨过一道奔流的河水，这增加了进攻的难度。

明王朝建立后，首任蔚州卫指挥的周房对修建蔚州城起到了举足轻重的作用。

明洪武七年（1374），朱元璋刚刚扫平天下，国家经过元末的大动荡，正是百业待兴。元末的动乱和连年战争，壶流河在蔚州城的西北方向，像一条腰带，紧紧围住蔚州城，加强了城池的防御性能。

再加上严重的自然灾荒，使社会动荡不安。蔚州经济的萧条，城市的败落，到了无以复加的地步。面对这样的局面，周房没有消极观望，也没有畏缩等待，而是积极主动地尽力收拾残局。首先采取的措施是“肃军纪，明赏罚，缉流亡，拊疮痍。”经过三年休养生息，到明洪武十年（1377），蔚州的各行业大都恢复了元气。城内百业呈现兴隆景象，农村农家的房前屋后，挂满了金灿灿的玉米挂，一派丰收的喜悦。

周房此时有了更为长远的安全考虑，开始策划修建蔚州城。他深知蔚州自古居要塞之地，进入明朝更是直接面对北方蒙古地区，是临边武备不可有一日之懈怠的军事重镇。

这时的蔚州城，虽然在明洪武五年（1372）曾有过小规模的修葺，但城墙多有破损处，护城的壕沟因久不疏通，淤积泥沙，变得狭窄，远不能适应抵御外敌进攻的需要。当时刚恢复稳定的明王朝把武备的重点向北移，沿长城沿线各府、州、县普遍建造、改建和修葺城垣，周房和他的幕僚们商讨后决定对蔚州城进行重修。

决议已定，周房立马考察择选督造官吏，并按计划分派工程，征集能工巧匠发派工役，筹备建筑材料。在旧城址上“重筑甃石”，砌砖为垣，并同时对护城河“再加疏浚”。重修后的蔚州城，焕然一新。城墙周长有七里十三步，城墙底宽四丈，墙顶宽二丈五尺，墙高三丈五尺，整座城的城墙上垒雉堞，高六尺，共有垛口 1100 多个。城墙形制为不规则的多边形。城有三座城门，并筑有三座挺拔雄伟的城门楼。

北城墙上筑有辉煌雄壮、颇有气势的玉皇阁。城四角各建角楼一座，角楼均为五楹三级。城墙外筑马面 22 个。在马面和两个凸出城墙的拐角上建敌楼 24 座，均为三楹三级。巍峨耸立的鼓楼，雄踞古城的中央，是明、清两代的报时中心。

三座城门外均建有瓮城，瓮城外又建二级瓮城，东、西二级瓮城共设水门四座。三门外各设吊桥，与城门关口相连，通达关道，以便出入。吊桥下的护城河面宽七丈余，水深三丈三尺，城外水环如带，碧水长流，并分东西两股，又汇注入壶流河。

周房在修建城池的过程中，在旧城的基础上，重新规划了州城的形制、格局、城防、街市、寺庙，以及衙署等。后

蔚州古城城墙上耸立的高大楼阁，既华美多姿又巍峨壮观，集美观与实用为一体。

在明嘉靖十六年（1537）到1927年的几百年内，又进行过9次大规模的修缮。其间虽然也有小规模的拆除，拆掉了部分城池建筑物，但直到1949年，蔚州古城建筑从整体来说保存基本完好。

后来，蔚州古城的二级瓮城和东西两座城门、三关土城及关门旧址均遭到无情拆毁，大部分城墙也被拆毁，只保留了东北部、北部、西北部残缺不全的城墙。城壕一部分被填平盖了房子，一部分已改建为街道。

古城形制，真实与虚构的意象

中国的古城建筑，几乎都有自己严格的中轴线。在中轴线上，讲究建筑群的左右对称，城内街道东西、南北的布局，一般会呈棋盘格子状。建筑中的对称学是自然美的形象表征，这种左右对称的空间设计，基本上成为中国古代建筑的一种定式。

蔚州古城的建筑却不拘泥于汉民族传统定式，不按正常方正、方圆来规划，而呈现出特殊的城建形制，这在华北地区的古城建筑中独树一帜。蔚州城改变了方正端庄、经纬分明、中轴对称的规划要求，设计成不规则的多边形。

先人为什么要这样设计，后人不得其解，又无历史记载做出注释。后人只好以一个“兔跑城”的传说来诠释这个千古之谜。相传在建蔚州城时，备好料之后刚动工不久，新建的城墙就坍塌了。再砌起来，很快又坍塌了，而且越塌越多。指挥修建蔚州城的官员为此大伤脑筋。这一年的天气也非常特别，四月里刮大风，刮得天昏地暗，六月天还破天荒地下起大雪。

蔚州卫指挥使大人为此愁眉不展。一天早上他在街面散步，看见一只很漂亮的野兔，在雪地上不慌不忙，轻松自在地奔跑。指挥使大人就在后面跟着野兔，野兔仿佛故意和他逗着玩，与他保持一定距离。指挥使大人赶上来就快跑几步，距离拉远了又把速度减下来。就这样在雪地上转了一圈，就留下了指挥使大人和野兔走出来的一个图形。这便是蔚州城城池形状的由来。因为这个美丽的神话，蔚州又有了“兔跑城”的美誉。

蔚州卫指挥使周房在扩建重修蔚州城的过程中，首先是要从军事防御的角度来考虑，把州城建成一座攻防兼备的城池。所以在修建城池时在原城址的基础上，先用开挖疏浚城壕的土，将原来的土城墙加厚，这样既经济又快捷，既加厚了城墙又挖深了城壕，并且形成了凸凹落差的双重防御体系。

蔚州城改造的最大工程，是将黄土夯土城的城墙外部，全都用大青石做基础，再用灰砖将土墙包砌起来。蔚州城自从有了砖砌的历史，就再没有经受过较大规模的战火。砖石包砌的城墙既结实又美观，炮火不易攻破，防御性得到了很大的改善。

城池建筑用砖是砌城墙专用的特制大灰砖，规格有六七种以上。在所有建筑用砖里面，砖的长度最短的为 37 厘米，最长的为 43 厘米；砖的宽度最窄的为 17 厘米，最宽的为 19.7 厘米；厚度最薄的为 8 厘米，最厚的为 10.3 厘米。

有个疑问一直萦绕在人们脑海，当时为什么不烧制出规格统一的青砖呢？是出于技术上的误差，还是属于制作坯模过程中，因为工程需要而特意制作的？到今天人们还没有寻找到有理有据的解答。

蔚州城的城墙高 11.5 米，砖砌的城墙，底宽顶窄，剖面为梯形。城墙砌砖层厚度，底为 1.7 米，墙顶为 1.5 米，而城东北角台墙底厚度为 1.9 米，顶部为 1.65 米。

蔚州城开设有东、西、南三座城门，为了加强对北方的防御不开北门。东门叫安定门，上建景阳楼，西门称靖远门，上建广运楼，南门称景仙门，上建万山楼。城门洞设有两扇厚重的木门，并用铁皮包裹起来，满布蘑菇形铁制门钉。

南门是正门，为各方宾客往来所经之门户，热情而大方；西门对着敌军来犯的主要方向，冷峻而威严；东门直通西合营和桃花堡两座边关要塞，陌上寒烟，袅袅飘远，城与城之间烟雾迷蒙。

蔚州城墙与其他古城堡相比，除了又大又高之外，还有“高厚峻整，极为坚致”的优点，这是当地前人对古城的赞誉，说蔚州古城是“雄甲于诸边，号曰铁城”。

蔚州古城，的确是一座坚固如铁的城池。

蔚州城墙建筑的另一个特点，是由马面、敌楼、角楼共同构筑了城池的防卫系统。马面、敌楼、角楼的建筑规模、

蔚州古城墙，把军事防御和建筑美学高度结合起来。

形制和整体的布局，都是为了加强防御体系的作战能力。从建筑艺术的美学角度讲，这些建筑也弥补了城墙墙体形态呆板单调的不足。砖木结构的各种建筑，以凝重飞动的建筑形体，增强了古城外形起伏多变、虚实相间的空间效果，使蔚州城在军事防御与建筑美学两方面达到了高度的统一。

马面就是城墙外突出的部分，又称为护城台。蔚州古城的马面和城墙一般高，一旦发生战事，相邻的两个马面间可组织弓弩手形成交叉弩射网，以阻击射杀已经接近城墙的攻城之敌。敌楼是建在马面上的空心建筑，平时用来瞭望敌情，可以为执勤将士遮风避雨和贮存兵器。战时坚固的敌楼，也可以作为防守的阵地。

清代顺治版《蔚州志》上所刊用的蔚州图画上还显示有四个角楼和 11 个敌楼，后来延续至乾隆初年，所有敌楼和角楼开始一点点地毁坏了，到了清同治六年（1867），知州李秉衡看到大部分敌楼、角楼都有严重破损、坍塌，基本丧失了军事防御功能，便将它们都拆毁，用拆下来的建筑材料修建了三座城门楼。实际上在清朝时，蔚州已经不是边塞重要的军事防御城镇，成为了京畿的经济重镇。

蔚州城的敌楼，因为毁塌时间过于久远，原来的形制、体量、建筑风格已经无法具体考证。20 世纪 20 年代古城东北角（大泉坡），还曾保存一座完整的角楼。这座角楼规模形制为五间三层，展开平面呈六角形，正面设券门，由底层的楼梯可上到二、三层。整个楼体为砖砌，楼顶为歇山顶式，

二、三层檐下六个檐角挂有铁铎。这座角楼毁于1926年晋军与国民党军的一次战斗中。

蔚州古城的大部分城墙，毁于20世纪五、六十年代，如今北部残存有1600米城墙，还有7个残缺不全的马面。古城的四座角楼，东南、西南两座角楼随着城墙被毁，现在只有城西北角还保存一座比较完整的角台，东北的角台也已经残缺不全了。

社会的发展与进步，使我们得到了一些东西，也让我们失去一些东西。关键是我们原来只知得到了什么，并不清楚失去了什么，也不知道失去的东西有多么的重要。更不知道失去的那么多，根本就不是发展必须要付出的代价。蔚州古城还能保存今天的样子，已经很不容易，千万不能再破坏了。

古色古香，名街、牌坊

明清时期的蔚州城，寺庙林立，牌坊巍峨，官署森严。一直到京张铁路通车之前，蔚县城都是车水马龙，商贾云集，店铺旌幌迎风招展，街面十分繁华。

蔚县古城的建筑主要有雄踞城中、巍峨壮观的鼓楼，有庭院式布局的州衙、县衙、守备署、县署等建筑，有材料厚重、雕饰精美的牌坊，还有宗族的祠堂和名人的祠堂。这些建筑有的保留着辽金时期的建筑元素，更多的具有明清时期的风格和特点。

蔚县城曾经有一个景观就是旗杆，过去旗杆是功名等级的标志，也是寺庙道观的配套设施。蔚州城的旗杆大都竖于寺庙道观的内外或功名人家的门前，逢年过节白天在旗杆挂上旗帜，夜间在旗杆上吊灯笼，旗帜随风飘荡，加上灯火通明，标志着旗杆背后建筑的门第和地位。

【蔚州鼓楼的昔日风采】

蔚州和国内许多古城一样，在修建时就筑有鼓楼。鼓楼专门设置大鼓，有警时击鼓报警，平时敲鼓报时辰。蔚州鼓楼始建于明朝洪武十四年(1381)，落成于洪武十六年(1383)，当时正是周房任职蔚州卫指挥使的年代，时间稍晚于蔚州城的修建。

蔚州鼓楼清代改为“文昌阁”，供奉文昌帝君，所以又称为“文昌帝君祠”。鼓楼坐北朝南，既与城南万山楼对峙，又与靖边楼相望。建筑为三重檐多角歇山布瓦琉璃剪边建筑。有人赞其“飞甍巍峨，工艺高超，结构精美，造型别致”，足见它造型的雄伟和精美。

在明、清两朝，鼓楼曾为蔚州当地名人骚客、文人雅士等社会名流交流聚集的场所。他们聚会于鼓楼，以文会友，交流文墨笔锋和诗词歌赋。特别是年关节庆之时，大家登上

鼓楼是蔚州城非常突出的一处人文风景。

鼓楼，庆祝佳节，观灯赏月，眺望山河，并吟诗作画，即兴抒怀，以显风采。

可惜鼓楼在 20 世纪 40 年代被焚毁。今天人们所见的鼓楼，是 1997 年县政府组织工匠仿原鼓楼形制重建的。新鼓楼耸立在旧址上，巍然高达 19 米，登上鼓楼，可尽览古城风貌，领略蔚州古城风光。

【 古城衙署的庄严与落没 】

蔚州古城内，原有州衙、县衙、守备署、县署等建筑。蔚州的州衙署建于明代，位置在蔚州城塔巷之北。蔚州县衙署建于明洪武十年（1377），位置在古城四牌楼东宣威坊之北。由于县衙所在地距离四牌楼街口很近，旧时人们称牌楼东口为“县衙门口”。

蔚州守备署是明代的守城将处理公务的地方。明代镇守边关的将官分“镇守”、“协守”、“分守”、“守备”等，其中总镇一方者为镇守，独镇一路者为分守，驻守一座重要城池的称为“守备”，与主将同守一城者为协守。明朝时期这里是边塞要地，蔚州为卫所，是长期驻守军队的地方，而且有朝廷任命的守备。

蔚州古衙署，古代官员的办公场所。

蔚州守备署建于明天顺年间（1457—1464），位置在蔚州城西北隅，在原增寿寺以南。守备署的建筑方位为坐北朝南，门外东西两侧各建一座牌坊。东面牌坊书“三边重地”，西面牌坊书“两镇雄区”，这说明了蔚州城“虽边邑，实拱卫京华重地，关隘险要，北门之锁钥也”的重要性。

辛亥革命后，将原来的县衙变为县府，原来的知县改称县知事，将原州衙改建为县政府办公地。1946 年晋察冀边区工业部迁来蔚县，曾短期在县署建立了生产小型武器的兵工厂。后来县署曾一度闲置，房屋遭受到严重破坏，大院内成为一片瓦砾。直到 1959 年，蔚县在此废墟上重建了县委、县政府。

复建后的蔚州衙署，又呈现出古时的风貌。

2011年蔚县复建了蔚州衙署，州衙院内有18处院落，297间房，全部为砖木结构。新建的蔚州衙署，成为中国剪纸艺术博物馆，用于展陈、研究、创作剪纸的产业示范基地。

【 牌坊是蔚县历史文化的缩影 】

蔚州古城曾经有100多座牌坊，这是这座历史文化名城的又一个显著标志。牌坊是中国两千多年儒家文化传统道德观念表现在社会上的一种标志性建筑物。

在封建社会，牌坊是崇高荣誉的象征，每座牌坊都是一座“丰德碑”。政府和社会以建筑物形式，为旧时士大夫、社会贤达与名人，以及贞节烈妇歌功颂德。

蔚州古城的牌坊，分为公署、秩官、旌表、科第、大市、寺庙六大类，分别建于衙署内外、大街路口及寺庙道观等处。牌坊是由“棂星门”衍变而来的，最初用于祭天和祀孔。“棂星”原作灵星，而灵星就是“天田星”，古人为祈求丰年祭祀灵星，汉高祖刘邦规定祭天先祭灵星。到了宋代，就开始用祭天的礼仪来拜祭孔子，后来人们又改“灵星”为“棂星”。

起先，这种坊门很像是“衡门”那样的由两根立柱架一根横木构成，只是柱侧安装了可开合的门扇。后来衡门不断衍化、改造、美化，渐渐出现了在门基础上发展而成的牌坊。街牌坊、桥牌坊、山门牌坊，基本上保留着牌坊的原始功能。蔚州古城内，从景仙门到鼓楼南北不足 700 米的中轴线上，就矗立着“红桥牌坊”、“五马藩牌坊”、“四牌楼”、“天朝耳目牌坊”、“大总宪牌坊”、“三朝佩印牌坊”、“柱国名臣牌坊”、“三角牌坊”等十座牌坊。

这是立于蔚县古衙署内的牌坊，上书“公生明”三字。

建于署衙内外的牌坊，大都是官方为宣传一种道德境界，或是为扬威造势而立。建于寺庙的牌坊，大都是为已故

的名人显宦歌功颂德。建在文庙内的“垂宪万世”等牌坊，则是为追念先圣孔子著经修史的丰功伟绩，来纪念万世师表。建在关帝庙的“汉寿亭侯”牌坊，是为了弘扬关羽的忠义精神。

古城旧衙内也建有牌坊，这种官设牌坊大都是为了标榜衙署的威权。例如，建于旧州治衙的“非公莫至”牌坊；建于州治衙门前的“两镇屏藩”、“万山拱卫”牌坊；建于县署前的“屏山叠翠”、“河水澄清”牌坊；建于守备衙门的“三边重地”、“两镇雄区”等牌坊，都是为了渲染州治兵力强盛和防御坚不可破。

还有一些牌坊，是为了纪念已故高官贵人，如立于城南街的明代御史郝铭及其子兵部尚书郝杰的“父子绣衣”牌坊，立于北街的有“一代名臣”、“宫保尚书”以及总镇坊等。也有为表彰学业有成、求官荣禄的举人、进士等建立的牌坊，如为进士高纶、乔廷栋、宋弼、宋经、尹耕等人建的牌坊，有“科第坊”、“甲科传芳”、“联第世科”、“四世科甲”，以及“父子登科”等。

另有一些牌坊是为褒奖和宣扬古代忠孝节义而立的“旌表坊”，如建于四宅巷的“大节无双柏舟风厉”坊等。其中为旌表包括少妇守寡忠贞不渝的“贞节坊”，见义勇为舍己为人的“尚义坊”，还有感念恩师教诲与报答乳母养育之恩的“感恩坊”等。

作为一座历史古城，蔚州的人文思想很活跃，中国古代文化的精髓在古城的建筑和公共文化氛围中都有体现。古城的人杰地灵盖因文化的发达，这种浓郁的文化气氛，一直影响着古城的各个领域。

岁月凝固的痕迹，祠堂沧桑

蔚州古城内有很多祠堂，成为蔚州传统文化和公共建筑的又一个特色。祠堂是宗族制度的产物，而宗族又是中华民族内聚力的一个重要来源，宗族制度将中华民族横向和竖向联系了起来。每个宗族都希望有人通过改变自己的命运、造就幸福生活的同时，可以光宗耀祖。祠堂就是祭祀这些将事业做得很好，最终改变了自己和家族命运的人。

一座不大的家族祠堂已经荒废，门口的石碑为清朝同治年间所制。

宗族制度或称家族制度，是中国传统文化的重要组成部分。古代中国是一种国与家同构的体制，在政治、经济、文化乃至社会诸方面，家族都是巩固与促进传统社会稳定和发展的基础，可以说宗族制度是中华民族得以延续数千年的重要因素之一。

祠堂是族人祭祀祖先的场所，也是族亲们商议族内重要事务的会聚地，是一个既神圣又具有权威性的地方。特别是当祠堂与族权和家法联系起来之后，祠堂就成为族长行使族权的地方。一旦有族人违反族规，就要在祠堂里接受族长的教育和处理，最严重的处罚是处死或是驱逐出宗祠。从这个意义上讲，祠堂又是封建道德的法庭。

农村祠堂也可以作为家族的社交场所，有的宗祠附设学校，族人的子弟就在宗祠学塾里上学。正因为这样，祠堂建筑一般都比民宅规模要大，质量也要好一些。

这种民间自建的祠堂，虽无寺庙那么规模宏大，却遍布古城的各个角落，有着不少的传闻轶事。建祠堂是中国南北都比较盛行的家族对祖先的祭祀形式，这既是一种乡间礼仪的体现，也是家族兴旺与团结的象征。

在漫长的中国古代封建社会里，农耕文化形成了很深的家族观念，因为农耕文化实际就是农庄文化，往往一个村庄就生活着一个姓氏的一个家族或者几个家族，这些家族多建立自己的家庙，以供子孙后代祭祀祖先，这种家庙民间称其为祠堂。祠堂分宗祠 、支祠和家祠。

“祠堂”的称呼最早见于汉代，当时祠堂均建于祖墓所在地，为墓祠，南宋著名理学家朱熹的《家礼》有立祠堂之制，从此称家庙为祠堂。当时修建祠堂有等级的限制，民间不得立祠。到明代嘉靖时民间才可以联宗立庙，后来倒是皇家或侯门的姓氏才可称“家庙”，其余的统称为宗祠。

越是有权势和财势的家族，祠堂往往越讲究，砌筑高大的厅堂，配以精致的雕饰，使用上等的材料。不仅是为了祠堂建筑的美观、经久耐用，同时也成为这个家族光宗耀祖的一种象征。

祠堂多数都有堂号，堂号由族人或外姓书法高手所书，制成金字匾牌高挂于祠堂正厅，旁边另挂有该家族姓氏渊源、族人荣耀、妇女贞洁等匾额，讲究的还配有联对。如果偶遇皇帝御封的，更要遵制“直笃牌匾”。祠堂内的匾额的规格和数量会成为族人显耀的资本。有的祠堂前还置有旗杆石表，表明族人得过功名等。

蔚州城内的祠堂，有的属公众祠堂，祭祀不同年代的先人或神祇。有的属宗族祠堂，专祭祀本宗族的祖先。据老人们回忆，城内原有祠堂十多座，由于年久失修，大都毁坏了。魏公祠、郝公祠、陈公祠、邹家祠等，是蔚州城里较为著名的几家祠堂。

魏公祠是清康熙刑部尚书魏象枢的家祠，建于蔚州城书院街东巷路北，位于魏象枢故居之东。魏象枢为官清廉，敢讲真话，被后世史家誉为清初直臣之冠，在平定三藩之乱、整顿贪官污吏等方面都功勋卓著。

郝公祠是明代工部尚书郝杰的家祠，建于蔚州城南门东侧的郝家巷里。郝公祠坐北面南，建在一座深宅大院里，仅祠堂占地就约 2600 平方米，郝公祠的大门建于郝家巷路北，后壁是一条巷子的南墙。

陈公祠是清朝光绪年间蔚州执事陈瑞麟的家祠，建于蔚州古城牌楼东街东端路北。这是一座普通的小院子，院内正中是一座面宽三间的殿堂，堂内塑一正襟危坐的官像，头戴红缨帽，身着马蹄袖补服，是为蔚州执事陈瑞麟。陈瑞麟在蔚州任职期间很有作为，他体察民情，关心百姓疾苦，并且清廉治衙，政绩突出，很受老百姓的爱戴。

邹家祠是著名义民邹铭的家族祠堂。邹家祠坐落在蔚州城牌楼西街路北邹家巷，建于明成化年间。“邹氏祠堂”匾额高悬院门之上，正厅供奉邹铭的塑像和邹氏历代祖宗牌位。成化二十三年（1487），河北大饥，很多灾民拥入蔚县，邹铭出米 120 石赈济灾民，受到朝廷嘉奖。明孝宋继位后，还赐给邹铭御匾一块，上书“私蓄赈饥”，并允许其“卒祀乡贤，义显乡邦”。

在蔚州古城，还有土地祠，这是一种比较特殊的祠堂，专供祭祀土地神。在神祇中，土地神就是土神，土神掌管一方土地，民间俗称其为“土地老爷”。蔚州古城的土地祠建于牌楼东街路北第一条巷北头，土地祠堂坐北朝南，为一座矮墙小院，院正中建有一座砖木结构的祠堂。蔚州城居民对土地神虔诚崇敬，拜其为守护神。人们在逢年过节时，争相烧香烬纸，祈求土地神保佑一方平安。

曲径通幽，古城的名街与小巷

古城中，每个巷子都可能有一串典故，记录着曾经的辉煌或衰落过程。

经过明、清数百年的发展，蔚州形成了具有相当规模的历史街区风貌。蔚州古城的街巷很有特点，在国内县级古城中，独有韵味，风格鲜明。古城的街巷成不规则棋盘状，有“四大街、八小街、二十四条蛐蜒巷”之说。

蔚州古城的所有街巷都相通，这是又一个很明显的街道格局特色。古城每条街巷都有一个典故，一个地名就可能是一个故事、一段历史。蔚州古城这些街巷的消逝与变迁，记录着这座古城发展和衰败的足迹。

街巷名有的因地理位置而定，如书院街、财神庙街等；有的因传闻轶事而命名，如公道巷等；有的以其形状和用途来称呼，如辘辘把巷、过七湾、箭道街等；还有的是以姓氏和家族来决定，如郝家巷和白家巷等。走在蔚县的古老街巷，如同徜徉在历史与现实之间。这些街巷纵横交错，四通八达，构成了古城的又一奇观。

书院街是蔚州古城很出名的一条老街，它位于南大街的路东。顾名思义，是因此街有一座书院得名。这座书院就是蔚州城内很有名气的“文蔚书院”，建于清乾隆四十年（1775）。自从时任蔚州知州的靳荣藩开办文蔚书院以后，在长达 126 年的时间里，为国家培养了很多栋梁之才。文蔚书院为繁荣蔚州文化事业起了很大作用。

书院街的主要建筑除文蔚书院外还有武庙（又称万寿宫）、魏氏家宅、魏公祠，以及同慈庵等。清朝时期的书院街是蔚州“文苑”之地，文蔚书院为古城内最高的学府，武庙每年春秋祭孔的第二日，原班参祀者在武庙举行隆重的祭典，是文人学子的一个有纪念意义的日子。

蔚州城内还有一些典型街道，以名宅大院命名，如“祁家大院”就是城内的一条古老街道的名字，是由几个巷子组成的一条老街。西起公道巷，东至城墙，南邻郝家巷，北到书院街，呈缺角长方形。因祁家大院坐落在这条老街上而得名。明代祁家曾是世袭的武职官员，一家几代人驰骋疆场，立下战功，名垂史册。

四牌楼街位于蔚州城南北西大街和县署街之中，因这里的街面四面建有牌楼，才被称为“四牌楼街”，四牌楼街是南北大街和县署街的中心和分界，得天独厚的位置使其成为蔚县的黄金地段。此街东邻县衙，西邻文庙，当年皂隶衙役出入，文人学士来往，热闹非常。四牌楼街周边有“三义馆”、“老糕铺”、“包子棚”和“玉盛杂货铺”等，都是古城内堪称老字号的著名小吃，不仅享誉古城，也为来往客商所青睐。

守备街又称“守备衙门街”，位于蔚州城西北隅。明朝顺天年间，蔚州城为了适应边防守备之需，在西北隅增设守备署，行使边防守卫职能，所以这条街也就顺应时代发展称为“守备街”。守备街北面可通财神庙街和尹士巷，南与北小街相接。整条街全长约160余米，街道最宽的地方有5米，最窄处仅3米。

守备街从清朝到民国都是蔚州古城寺庙最集中的地方，在漫长的岁月中，守备街里的佛事非常频繁，几乎每个月都有佛僧念经，举行法会，还有戏班唱戏演出。很多远来的善男信女到此焚香祷告，祈福还愿。那时的守备街里终日香烟缭绕，人来人往，络绎不绝，一来参与佛事，二来观赏戏剧，这些都为守备街平添了几分喧闹。

箭道街位于蔚州城西北部，是蔚州古城的一条老街。这条街道之所以用“箭道”命名，是因为明清时期这里是一条练习跑马射箭的街道，当时也是习武者练习骑射的场地。箭道街在守备街西，与守备街平行。其特点是狭长平直，南起祁家房后，北至增寿庵，并不是很长，约500米左右。

明清时科举，正式由国家举行的科考分为三级：乡试、会试和殿试。在参加正式科考以前，考生先要通过称为童试的县、府、院三级考试。蔚州城除为了科考而建的书院、义塾之外，还设有武学堂。武学堂是为国家培养武功人才的地方，目的在于为地方习武者参加科考提供学习机会，以帮助他们考取武秀才、武举人，以及武进士等。

在明清两代，与“文科举”相比，“武科举”黯然失色，“重文轻武”是一种很普遍的现象。很多古城当时就没有，或是后来没有留下与“武科举”相关的遗存，蔚州古城的箭道街就显得格外珍贵。武学堂设有习武场，备有弓、箭、刀、枪、剑、鞭等武器和马匹，由武技老师教学生练习十八般武艺。

此外，蔚州古城内还有公道巷、四宅巷、九宅巷、易家巷、郝家巷、喇家场、沟洞巷、尹士巷、史家巷、过七湾和万寿宫巷等。古老的蔚州城曾有过的繁华和荣耀，在这些街道和小巷中，都被收藏在静静流逝的时光里。城内还有蔚州仓廒、先农坛、社稷坛、风云雷雨山川城隍坛、厉坛以及许多戏楼、戏园子、剧场等古建筑。除了文蔚书院之外，还开办有蔚萝书院、会文义塾、愿学堂等教书育人的场所。

沉淀着历史记忆的古街巷，游人可以在这里走进古蔚州人的生活。

随着社会的发展、城市的变迁，很多大型居住区、街道出现，很多记录历史的大街小巷消失，严重的甚至连老地名都被废弃。蔚县在这方面，做得比较好，一些新建的社区都注意保留了老地名。地名的变迁不可避免，只是古城出现的新地名，不再继承城市积淀的文脉，会造成严重的历史文化资源流失。

田园风情，奢华豪宅与质朴民居

在北方的城市中，能够保留着大量老街道、老房子的城市已经不是很多了。可在蔚县，看到老建筑，根本就不是什么新鲜事。

蔚州古城的古民居，很有北方民居传统的建筑特色。古民居基本上都是用青条石作基石，白灰垒砌青砖灰瓦，有的配以精细的砖、石、木雕刻和古朴典雅的油饰彩绘，房顶起脊，安置吻兽，室内方砖墁地。房顶是板瓦、筒瓦双层覆顶，屋顶起脊吻兽，富于变化。屋顶有迎山、春棚、单坡各种形式。门窗、门楼也多是精雕细琢，油饰彩绘。精美的石雕、木雕和砖雕是蔚县古民居的一大特色。

古民居的所有房屋，都是向朝南的院内开窗。一是加强了房屋的防盗功能，二是增强了房屋的保暖性能。这些建筑一是美观大方的砖瓦房，二是造价低廉的土坯白灰房，三是冬暖夏凉的拱券窑洞房。

蔚州人杰地灵，多出名门望族。他们有的在各地经商，有的在京城做官，甚至在朝廷出任尚书。这些商贾与官员在宅居建筑方面，讲究质量精良和传统建筑的美，其中以四合院居多。在众多四合院中，又分三进院、二进院等不同形制。

有部分大户人家，还要把四合院扩建为九连环院，在中轴线上建六进庭院，往东或往西再接连三进跨院，构成九座院落。各房院尊卑分明，功能齐全。这样就形成了一个庞大的建筑群，院中院，院套院，院跨院，院院相通，屋屋相连，布局严谨气派，住着舒适豪华。

中国北方传统的四合院建筑观念是深受儒家文化熏陶和影响的，在建筑格局上讲究“端正方位，正中对称”，讲究“正房单数，两厢合偶”，也就是正房为“三、五、七间，不盖二、四、六（指房间数），只建出单数，不建出偶数。而院中的厢房又是东西两侧各建三间，合起来是六间。

蔚州民居的街门，一般开在整个宅院的东南角，这是为合八卦的“巽”位，是个大吉方位。在蔚州不论普通四合院还是富豪权贵家的气派四合院，多为砖木结构，用瓦盖顶。也有少量的为北方黄土高原流行的传统窑洞“穹顶”形建筑形式。

古代建筑虽然历经风雨，却依然挺立，起保障作用的就是其合理的建筑结构。

中国古代建筑主要是木构架结构，即采用木柱、木梁、檩、椽等构成房屋的框架，屋顶与房檐的重量通过梁架，基本可以比较科学地传递到立柱上，而墙壁只是起到隔断的作

用，不承担房屋重量。蔚州古城的古民居建筑，充分体现了中国古代建筑结构上这一最重要特征。

蔚州老宅院建筑非常结实，有“老骡子破瓦房——寿命最长”、“墙倒屋不塌”等古老的谚语形容，形象概括了中国古代建筑这种框架结构最重要的特点。这种结构可以使房屋在不同气候条件下，满足生活和生产所提出的千变万化的功能要求。

蔚州先民在建筑个人居舍时，会精心设计其朝向、方位等，考虑到自然界的风、光等影响因素。他们首先会考虑到房屋的采光效果，并且要考虑到防风沙和族人间的来往等问题。注意到外观的建筑美与实用价值的统一，这也是蔚县古民居的建筑特色之一。他们往往把墙壁筑得很厚，墙里面用土坯砌筑厚厚一层，墙体外面再包上青砖，这样的墙既遮挡风沙，又有冬暖夏凉的保温效果。

蔚州古民居一般都是向纵深排列，所以会形成院落南北长东西窄的效果。院内的正房与厢房的格式、布局合理，可减少风沙的侵袭，也方便主人与邻里之间的来往。每个居室都搭有灶炕，这样的居室升起火来既取了暖又做了饭。当然，这是针对普通居民说的。

蔚州的古民居，建筑特点鲜明，都是外观封闭，轴线分明，布局合理，结构严谨，反映出中国传统文化中的儒家思想和礼制观念。一些大家豪宅的建筑，已经超过了使用的价值和意义，而成为一个家族兴衰荣辱的象征，所以在建筑时主要考虑的是风格、韵味与气势。

古城的古民居建筑大多建于明清两朝的鼎盛时期，蔚州当地曾流传有民谚：“伐尽两柳林，建成蔚州城”，可见当时的工程之浩大，所建城内民居房舍鳞次栉比，星罗棋布。其建筑风格多为明清时期比较古典的建筑风格，不仅古色古香，风情别样，更有丰富的历史文化内涵，吸引八方游人驻足。

风水之地，昔日的名府宅第

蔚州的几座经典宅第，建筑之精美不仅在蔚州堪称绝品，就是在中国北方，也很有代表性。这一座座青墙灰瓦，面积并不是很大的深宅大院，总能令前来参观的游人刮目相看。

中国人延续数千年的大家庭观念源自于文化与传统。讲究孝道的儒家文化造就了这些名宅大院。一座座宅院，留下了一代又一代人的历史记忆。

如果说城市也有记忆，这些名宅和普通的街巷民宅一起，就构成了蔚州古城的记忆。新中国成立后，很多传统消失殆尽，家族式的集体主义彻底消亡。改革开放以来，造成了更大的人口大流动。在新一代年轻人的眼里，地域、家乡的观念已变得越来越模糊。

家庭观念和讲究孝道的儒家文化，也反映在蔚县古宅院建筑中。

【郝阁老府第】

郝阁老即郝杰，曾任明代兵部尚书。郝阁老府第位于蔚州古城南街郝家巷路北，公道巷路东。宅院门楼高大，院落宽敞，占地约850平方米。大门坐北朝南，气势恢弘。

整座府第布局严谨，采取一座主院，两个副院的格局。主副两院，相依相辅浑然一体。府第中，不仅居室、客房、客厅、厨房、仓库设施齐全，还建有家塾，供家族子弟读书学习之用。

郝阁老府第供艺人演唱堂会的戏楼也建得很别致。唱堂会，又称为唱“堂会戏”。“堂”字说的是演出地点，不在公众可以观看的戏台上，而是在家庭的厅堂中。过去有钱人家结婚、过寿、孩子满月等，都要邀戏班子到家里唱戏。郝氏家族太大了，在中堂唱堂会，满足不了观看的需要，所以在宅院里专门建了一座戏楼。

郝阁老府第的主院共建有房室20间。因庭院结构设计布局合理，一排排的房屋错落有致，既不显得拥挤，居住又非常舒适，很具有蔚州古民居建筑的特色。郝杰告老还乡之后，就住在这套院子里，自此过着悠闲的生活。

【马家九连环宅第】

马家九连环老宅，位于蔚州城鼓楼后街马家巷，这是一所典型的北方宅第，也是一座比较宏伟壮观的建筑群。马家九连环老宅俗称“马家大院”，占地2100平方米，共有房屋63间。

马家大院前后临街，四周围砌封闭式砖墙，形如城堡，十分严密。从高空俯瞰，大院浑似一个繁体字的“兴”(興)，寓意“兴旺发达”。由大小不同的九个院落连环相通，整个院落错落有致，典雅庄重，气派非凡。

马家大院同样也是坐北朝南，总体格局为纵向扩展，横向连接。一座硬山顶阶进式砖门楼很是壮观。大门正顶端有一条青石嵌入，上刻有“武勋”两字，象征武略功勋。

大院的街门修建得高大宽阔，主人家里举办婚事或迎接宾客时，八抬大轿可直出直入。这在蔚州古城里是最宽阔的大门了，所以城里人都称此门“容进八抬”，后来这“容进八抬”就成了马家大院的代称。

马家大院还有两个院落。第二个院落为全大院的主院，是个横五竖五的四合院。房屋高大宽阔，是主人的住宅。第三个院落也是横五竖五的四合院，此院为家族中晚辈的住宅。

大院建筑宏伟壮观，一砖一瓦，一木一石都体现了精湛的古民居建筑技艺和特点。统观全院建筑，风格、造型不拘一格。从门的造型来说，有砖作仿木构垂花门、半出檐门、砖券拱形门和石雕侧跨门等多种形式。从窗子的造型看，有栅条窗、镂空窗、花棂窗、菱格窗和龟背锦等多种式样。

其屋顶设计也有很多变化，形成了景观上的反差和互补，其中有硬山顶、卷棚顶，以及平房顶等。屋顶有高有低，有的有房脊，有的无房脊；有的房檐翘角，有的房檐下垂。这座九连环宅第富丽堂皇，井然有序，整体布局严谨，典雅而不显奢靡，规范而多变化，是古城最有代表性的古民居之一。

【魏象枢宅第】

魏象枢是清朝康熙年间的刑部尚书，他的故居在蔚州古城书院街东巷路北，引退后就在这个宅院里度过了晚年。这是一座古朴典雅的前后两进院，设计布局和建筑风格完全符合清代初期的建筑特点，大门坐北朝南，建于“巽”字方位。

高耸的门楼布瓦起脊，门洞墁以平整的条石，三级台阶也用青石铺砌，门前的两块方石凿成凹面并在四面镌刻花

魏象枢读书楼。

卉。大门内迎面建砖照壁，四角雕有图案，两侧刻楹联。从照壁左侧进入外院，正北建有过厅，面宽三间，进深一间，前后皆有花棂窗做厅门。

从过厅进入里院，是个正方形的四合院。北面建正房三间，东西各有耳房一间。这里是家族中最有地位的人住的地方。里院东西两侧各建三间厢房，其面宽、进深、房高均稍逊于正房，是其他人住的。

院内东侧，坐北面南建有二层小阁楼三间，人们都说这座小楼是魏家的读书处。小巧的书房面积虽然不大，却也保持了“室雅何须大，花香不在多”的意境。三个多世纪过去了，当年在这里读书的几代人，都早已经烟消云散。书也早已经没有了，只有读书处依然默默地静听花开花落。

【 牛家大院 】

牛家大院建于清朝道光年间，位于蔚州城牌楼东街路北，在旧县署的东边，现在已经成为县人民医院的一部分。据说牛家大院因街门阔大壮观，被当地人称为“牛家大门”，而不呼牛家大院。

牛家大院是一座集楼、厅、廊、室于一院的典型民宅，是一座气势颇为宏伟的建筑。全院分六个院落，共有 34 间房屋。大院坐北向南，瓦顶门楼高大气派。门楣精湛的木刻和砖雕，庄重典雅，体现了淳朴深厚的明清风格。

大院的房屋建筑质量比之前的建筑有很大的提高，是蔚州城最早出现的硬山顶二层楼房院落。木阁楼是牛家大院最富特色的建筑，三间阁楼高大宏伟，除布瓦顶外，其余均为木结构。巨大的梁柁，粗劲的檐柱，均整的榱桷以及门窗斗拱，至今仍然保存得很好。

【 祁氏窑洞大院 】

祁氏窑洞大院建于古城西街路北，占地一亩余，北面建有正房五间，东西相对各建房三间，大门西建南房三间。院内房屋均采用“穹顶式”建筑，用青砖券成窑洞式的拱形屋顶。并没有采用上梁立柱式木结构建筑，真是别具一格。据说房子主人祁继祖曾镇守贵州、陕西边防，住惯了当地的窑屋，感觉窑屋冬暖夏凉，隔音防潮，适宜人居，故而建造了这座窑洞大院。

祁氏窑洞大院不同于其他深宅大院，它所具有的建筑气派和园林式的优美境界十分独特。在宽阔的大院落内，有砖砌的长方形花垛。据说，每逢春、夏、秋三季，院里按不同的季节摆上迎春花、月季，还有君子兰、红杜鹃和黄米兰。花开时节，五颜六色，芬芳醉人。

冬天的时候，有阶梯式地下花窖，可以把鲜花藏入其中，来年春夏再将花盆搬出来摆放。花成为祁氏窑洞大院的一处美景，为大院添加了几分色彩。

【苏家大院】

苏家大院，正北建有正房三间，均为“一堂两室”的格局，东西各建下房三间，下房前檐较深，为一檩二枋的“实垛三”木结构并插椽，下房的深度与木料，比正房都逊色一些，但也一样高大宽敞，为深檐阔室。大院南面建大庭三间，比正房稍低矮，是举办家宴的地方，平时则用来存放家具或其他生活所用物资。

苏家大院南北东西的房间，围住一个正方形天井，檐深阶阔，明亮宽敞，恰如民谚云：“青砖灰瓦马头墙，肥梁胖柱大正房。”苏家大院的房主没有停留于建筑一个“回”字型院落，而是建筑了一个“器”字型宅院。

主院的四角各修筑一座小院，东北、西北的两座小院各建一间房子，作守门房和客房用，而东南、西南两座小院，一作厕所，一作煤房，这种建筑格局也很少见。院落环环相扣，环境清幽别致。

夕阳染透，粮香常平仓

粮食在任何朝代，都是人命关天的大事。蔚州储藏粮食之所常平仓，就静静地伫立在古城里，描摹曾经的热闹与荒凉。

常平仓为明清建筑，在明清两代都是储备粮食的官仓。常平仓之名来自汉朝，司马光的《资治通鉴》记载，汉五凤

始建于明朝的蔚州粮库，名为常平仓。

（右页图）现常平仓博物馆中保存的“民国七年重修记”。

四年（前 54），大司农中丞耿寿昌上奏皇帝刘询，“令边郡皆筑仓，以谷贱增其贾而籴，以利农，谷贵时减贾而粜，名曰常平仓。”

常平仓仓廒原是明朝蔚州卫的军粮仓，始建于明朝洪武年间。当时占地 40 余亩，有仓廒 22 座。清朝改为常平仓，有仓廒共 11 座 55 间，最高储粮达到 35000 石。史书上记载的修缮有两次，即清朝道光年间和 1918 年。

明朝时官仓称预备仓，各地方官府选派老年乡民运钞购粮，在农村储藏备荒，每一州县设东西南北粮仓四所。这一制度到永乐年间有了新变化，预备仓从乡间移到城内，存粮春末贷给农户，秋收后收回。

常平仓的大部分建筑已经在不同的时期被拆毁了，现仅存大小仓房四座，仓神庙和戏楼各一座。现存古仓房分别为北仓两栋，南仓一栋，东仓一栋。

两座北仓坐北朝南，面宽五间，进深四间。前出廊墙体为砖砌，两侧砖砌山墙厚一米，山墙顶部设两个古铜钱形状通风孔。东仓和南仓也是面宽五间，但进深仅有三间。东仓坐东朝西，南仓坐南朝北。

仓房经常遇到的最棘手问题是不能很好地做到隔潮、防腐、防鸟虫害和防鼠患。一般的仓房走进去，迎面便是一股刺鼻的霉变味道。常平仓很好地解决了这些问题，任何季节进来都会是一种神清气爽的感觉。

这是因为聪明的建筑设计者，在仓房屋顶开辟了专为通

风所用的悬山式天窗。窗内还安装了苇席编织的网，既可以通风，又可以防麻雀飞进仓房，糟蹋粮食。

仓房的前墙下部还设有方形的通风孔，风能够直接通到仓内地面下。仓内的地面是半空心设计，风可以在地面下的通风路线曲折迂回地流动。因为透风性能好，仓内地面始终是很干燥的状态，可以很好地起到隔潮和防腐作用。

蔚州历史上有“米粮川”之誉，盛产贡米。仓内所存均为谷子，远近适宜，丰年按额征购，遇有灾年，地方官府依灾情酌情放饭。虽然陈年的小米，已经没有了当年的清香，但却赈救了不少灾民。

仓神庙是专门祭拜仓神的庙宇。仓神又称仓官，是守护粮仓之神。农历正月二十五是仓神的生日，与粮仓有关的行业和民间都要设供祭祀仓神，并有填仓、打囤之俗。

图中远处就是仓神庙与戏楼连为一体的组合建筑。

仓神和关公一样，也是由一位真实的历史人物发展演变成的神，这个人就是汉朝著名的开国将领韩信。据说，韩信当官的第一个职位就是仓官。韩信后来又明修栈道，暗度陈仓，立下了旷世奇功，成为中国历史上的杰出人物。韩信是仓官中的代表人物，所以被后世奉为仓神。

常平仓仓神庙，建在一米多高的砖石台基上面，坐北朝南。光绪年间刊印的《蔚县志》明确记载，庙“明永乐元年建”。仓神庙与戏楼连为一体，也称一殿一卷式，或勾连搭。庙和戏楼这种背靠背的组合方式，在全国都很少见。

据说，常平仓的这座戏楼为1932年驻扎蔚县的宋哲元部队所建，是从城内财神庙街上的真武庙拆移过来的。当时部队把拆下的戏楼建筑材料，从财神庙街上一件一件运进常平仓，又重新搭建了起来。仓神庙就这样成了戏楼的后台，前台唱戏的演员就在仓神庙换装和备台。

新戏楼可以唱戏，也可以作为开会的主席台。常平仓地处县城最繁华的路段，院内又有较为宽阔的广场，所以很长一段时间里，都是蔚县城内最大的露天演出和聚会场所。

常平仓从建仓至今，历经600余年，是中国古代仓廒建筑中的瑰宝。常平仓一直使用到2005年，也是使用时间最长的粮仓。常平仓的建筑形制设计、功能设置，对研究粮仓的历史具有十分珍贵的价值。

蔚州商人，铿锵的脚步回响

蔚县物产丰饶，人杰地灵。每行一处，都是一处风景，也有一则美丽的传说。在历史的长河中，还会听到蔚县商人创业的脚步声，铿锵回响。

在蔚县，有很多凝聚着蔚县人勤劳智慧与汗水的老品牌，其中有一种纸张——麻纸，就是蔚县的特产之一。

这麻纸是纸张之宗，早在一千七百多年前，原始的麻纸就在我国问世了。有文献说当年东汉蔡伦发明造纸术，就是利用破布、麻头、旧渔网等纤维物，经过加工而漂制出来“麻纸”的。

蔚县是麻纸之乡，清朝初年，在一些临近河流的地方就开始建设造麻纸的纸坊。蔚县城的小北关、太平庄就曾经是麻纸坊集中之地，那里前后开设过十几处纸坊。其中的“茂益昌”、“纯义厚”、“裕顺德”、“德厚昌”等，在蔚州都是闻名遐迩的造纸业老字号。

直到民国年间，蔚县的造纸业从未间断，造纸技术精湛的工匠们漂制各类麻纸，主要麻纸产品有 1.8 尺的“大改连”和 1.6 尺的“小改连”，有“大呈文”、“小官纸”以及“流水账纸”和抄纸等。据有关资料显示，当时蔚县的造纸作坊总共有 40 多个漂池，年产麻纸约 19 万刀（每刀 100 张）。蔚县麻纸除了供当地人使用外，大多都销往外地。

过去，蔚县造麻纸作坊的工匠都被称为“把式”，全县

当初，蔚州商人就是从这里出发，走向外面的世界。

曾出现很多很有名气的造麻纸把式，如蔚县城里的郭明、康有堂，古家町的王贵喜等，都是大名鼎鼎的造麻纸好把式。

历史上，蔚州作为皮都，也是享有盛名的。仅蔚县城内的皮毛商号就达百余家，从事皮毛行业的人多达5000余人。很多技术精湛的毛皮匠人，被各地的大商号纷纷聘请去当了经理、案头（皮货裁剪技术人员）。蔚县下平油村田旺高开设的“谦生义”皮号，就是个出名的老字号。

“谦生义”从清朝咸丰、同治、光绪、宣统年间到民国，一直经营下来，蔚县的许多村镇都有“谦生义”的皮货作坊，生产的羔皮百分之八十销往山东。

还有“逯元昌”皮号生产的鼠皮、红狐皮、白狐皮、沙狐皮、黄鼬皮等细货皮一直销往欧美；而“德巨生”皮号产下图为财神庙，商人们多来此拜祭财神，祈盼生意顺利。

的皮袄、皮裤、坎肩等，一直是抚顺、大连、内蒙古、新疆、库伦、恰克图等地商人的抢手货；宣化、张家口的“德兴斋”、“德兴玉”、“德寿隆”蒙靴业老字号为蔚县人李盐房所开，当年张家口、宣化有蒙靴业字号80余家，从业人员2000多人，多半为蔚县人。

“德和隆”皮货商号曾是张家口、北京、天津等地最大的皮货商号之一，由蔚县王朴四兄弟共同经营。他们在天津经营了三家合资企业和庞大的进出口贸易，并开办了银号，还在北京大栅栏开了有名的“德聚隆”商号。其四弟王槐，成为名满京津的“王四爷”。

蔚州

被岁月掩埋的往事

THE DUST-LADEN PAST

第二章

沐浴夕照，领略古村堡文化

到了蔚县的古村堡，你会感觉这里的天空更高更远，这里的大地承载着更多的神秘。面对着古朴的蔚州文化，犹如回到了久远的时代。

在这里，现代的繁华和喧闹渐行渐远，看完一座古村堡，却总是期待另一座古村堡出现在我们的视野中。游走在古村堡之间，厚重的历史感油然而生，会把我们的心灵放逐回数百年前，乃至千年前。

行走在蔚县一座座古城堡间，那遥不可及的悠悠往事，风云一时的历史人物，就会隐隐浮现在眼前。

蔚州以“三奇”著称，又以“三多”闻名。“三奇”是“堡套堡，桥摞桥，县中县”。“三多”是“古村堡多，古庙宇多，古戏楼多”。后来人们又给添了两个“多”：“古文物多、古

在蔚县上苏庄堡拍摄的电视剧《亮剑》剧照。

民居多”。在蔚州的“三多”里，最为可贵的就是古村堡多。古村堡多是庙宇多、戏楼多的基础，没有这么多的古村堡，也就不会有这么多的庙宇和戏楼。蔚县的每座村堡里都有几座庙宇，至少有一座戏楼。

凡是到蔚县看过古村堡的人，都会被那种古朴的自然之美所折服。白天站在山冈上俯瞰这些古朴的村庄，会为纯真质朴的原始风韵而感叹，会有一种置身于与世隔绝的境地之感。夜晚在古城堡看漫天明亮的星星，听着若隐若现的狗吠声，静谧的乡村美景让人身心舒畅。这些古村堡，像是在挣扎地活着，谁也不知道它们还能坚持多久。特别是近十几年来，富起来的农民们高高兴兴地拆掉百年老屋，盖起钢筋水泥房的越来越多。

走在古村堡的街上，你会发现很少有年轻人。他们都进城了，只留下一些老人和孩子。老人们慈祥的脸上，布满深深的沟壑，那是和老街老巷一样的沧桑印痕。跳来跳去的孩子们，嬉戏中渴望着外面的生活。等待着他们年轻的父母，把他们带进城里的那一天。他们未来的生活，会离古村堡越来越远。

平凡的时空，不平凡的历史

蔚州古村堡的背后，与600多年前崛起的明朝历史息息相关。

明成祖朱棣之后，明朝对外的战略方针一直是采取防御策略，不断在北方边境上做两件事，一是军事力量充边，加强屯军边境，二是不断更新改造北方边防线上的长城。

在这样的大背景下，长城内侧——黄土高原到华北西北部长城沿线地区，渐渐出现了很多“村”级单位的小城堡。它们像一个个浑身充满神秘力量的古代武士，守卫在北方大地上。

因为明朝北方特殊的军事需要，在这一地区大量屯军。在没有战事的情况下，军队中十分之七的人加入了农垦行列，从事农业生产。边民也不断增多，人口的发展，经济的繁荣，再加上防务的需要，都加快了小城堡发展的速度。

城堡，一般是有围墙的防御性建筑。追溯起来，城堡的起源很早。在人类发展的最初阶段，一万年至五千多年前的

这里的一座座村堡，就像挺立在风雨中的古老斗士。

初级人类社会里，就有了防卫意识。为防御其他部落和凶猛野兽的侵袭，就在部落聚居地的外围筑有围墙和壕沟，这些可被看做是古堡的前身。

历史上，蔚州一直是农耕民族与游牧民族相融合的地方，也是经常发生冲突的地带。游牧民族要进入中原，常常要经过这里。从地图上看，蔚县和北京是近邻，因此这里正是明朝政府要“屯边固防”的战略要地。有时会突发蒙古游牧军队铁骑入侵事件，而游牧军队疾来疾去，以快速抢掠为目的，坚固的城堡正好可以防备游牧军队铁骑的侵扰。

蔚县古村堡的另一个特点是，不仅有军堡，还有大量的民堡，民堡也同样具有军事防御的功能。军堡属于官建的村堡，多位于境内要隘关口之地，如南山飞狐峪的黑石岭堡，东与涿鹿相邻的桃花堡，西与山西相邻的暖泉堡等。

属于民建的村堡，大多是从原来的一堡开始，随着人口的增加而建成多堡，于是便出现了东堡再建西堡，南堡再建北堡，前堡再建后堡，上堡再建下堡等现象，也有分建东、西、南、北四个庄堡的。至于连堡成镇、城中建城、堡里套堡等，更是蔚县古村堡的一大奇观。西古堡、宋家庄、北方城、白后堡、白中堡、白宁堡、白南场，以及小饮马泉等堡保留尤为完整。

蔚县村堡建筑类型各异，各有独特的建筑形制、城内布局、风格特点，共同之处是都有围墙、城门和瓮城。居民长期居住在此，和平时期温暖宜居，而且具有防季风和沙尘的好处，有围墙防护，骑兵入不得城，有防卫的功能。

村堡的大门一般都是由两扇门板组成，门板由厚厚的木板拼接而成，外包铁皮用铁钉铆接得很结实。现在蔚县古村堡的城门，基本上很少有了。城门并不是只有战时才关闭，和平时期也是每日朝开暮合，以防盗贼或其他犯罪分子。

城堡在人类的发展史上，并非是陌生的建筑，而且并非局限于一地或一民族。在世界历史上，城堡文化在世界各地是普遍存在的，在亚洲、欧洲、非洲和拉丁美洲，都有古代留下的古城堡遗迹。祖先留下的古城、古村落遗址，几乎遍布全国各地，在北方长城沿线尤其多。人类自古就懂得筑城以防，反对战争，保卫和平，这也是人类聪明才智的体现。

修建城堡既有强烈的安全防卫性，又有严谨的规划性。安全性是城堡的首要功能，为了便于加强防卫，难免会与外界隔离，具有一定的封闭性。对堡内居民来说，合理地利用有限的场地，安排好堡内的布局结构是很重要的。古堡一般都规划严整，要考虑到堡内居民生活的方方面面。

原汁原味的暖泉古堡

近年来，暖泉古堡古香古色的老房子，原汁原味的明清文化，吸引了很多影视剧组，先后有《鬼子来了》《趟过女人河的男人》《大地》《亮剑》《狼毒花》《敌后武工队》《母

暖泉镇西古堡的堡门。

亲是条河》等30多部电影、电视剧来此取景拍摄，为古老的暖泉增添了新的参观内容。

从高空俯瞰蔚县，在一片片丘陵高地上，可以隐约看见一座座古村堡，错落有致地分布在蔚州大地。这些古村堡就像一本本线装古书，记录着数百年来的风风雨雨。暖泉镇有“三堡六巷十八庄”之说，形成了一种群堡与村落相呼应的格局。

暖泉镇位于蔚县和山西省广灵县交界处，为大同地区通往壶流河盆地，进而通往华北平原的一个要冲。为保证防御性，高大而厚实的堡墙不可缺少，与外界的交流则需通过堡门。这里除了有供居住的民居条件外，还有供集体活动的公共建筑。

暖泉镇恰好就在壶流河盆地上，处在一个山口位置。有两道山系在壶流河两侧渐渐合拢，在合拢处留下了一个山口。暖泉镇就在这个山口险要之处，扼守着这条南来北往的交通要塞。

“三堡六巷十八庄”，是说在小小的暖泉镇上，接连修筑有北官堡、西古堡和中小堡，三座村堡互为犄角。西古堡与中小堡是一座连体城堡，两堡仅有一墙之隔，守卫在暖泉镇的西南方向。那十八庄更是庄庄有实名，有太平庄、大南庄、西台庄、永寿庄、德胜庄、西场庄、花园庄、永安庄、浪头庄、大德庄、辛庄、福圣庄、永泉庄、四合庄、西辛庄、闫家庄、瓦窑庄，以及风水庄。六巷乃是在这些村堡中，形成的六条闻名一方的巷子：西场庄的小巷，西辛庄的油坊巷，西太平庄的要扫巷、常家巷、乡绅巷，还有中小堡村上街的皮坊巷。

西古堡居西，中小堡在东，北官堡则在暖泉镇的东北方向。北官堡与中小堡之间只有500米的距离。西古堡与北官堡的规模较大一些，两堡的边长平均在210～220米之间。中小堡规模较小，南北长东西窄，长约150米，宽仅50米。现在堡内居民约200人，60余户。

关于这三座村堡，有一个传说是"宗姓人家盖的堡，刘姓人家盖的帽"。大致说的是一户宗姓人家先修的北官堡，后有刘姓人家在堡墙上又加砌了一层砖。但是后来刘姓人丁兴旺，发展很快，超过了宗姓，于是堡内宗姓的居民把原因归结为，当时刘姓在堡墙往上盖帽时，把宗姓的"人气"给盖住了。刘姓人家的后人则自傲地说，自己的祖上曾出了一个皇帝家的"驸马爷"，是个官居显要位置的朝中大官。刘姓居民用这种办法，给自家人丁兴旺一个很荣耀的解释。

据刘姓人家"坟谱"上标明，刘姓在暖泉镇居住有二十代了。坟谱上的第一位家祖名叫刘善琮，关于他的附注是"洪武年间始迁蔚郡，卜居城西暖泉村。"

西古堡和中小堡的建筑时间稍晚于北官堡，不过在民间关于谁先建谁后建有争论，却又找不到可靠的依据。根据当地的地形与地貌分析，在西古堡与中小堡修筑之前，暖泉镇的集市就具有一定规模了。两堡所处位置在土地比较好、适宜农耕的河滩地中央。只有人口发展起来了，才会有在农业文明的基础之上产生商业的机会。西古堡和中小堡所处的河滩地势很低，一条大沙河在西古堡西侧流淌，河面很宽，阔达百米。

大沙河是一条季节性河流，旱季少水，每逢雨季，山洪暴发，直接危及农田和庄稼。西北堡北面的永安庄，原名“浪头庄”，就是因为靠近大沙河。据相关资料显示，为防水患，曾在河边筑有水坝，但那只是一道土坝，经过洪水冲刷，早已毁坏不堪，唯有偏东的方向还残存一道硬土埂。后来再闹水灾，官府只好再动员当地的老百姓，重筑一条三百一十丈长的河坝。

暖泉镇西古堡外西北方的“西券门”，曾经是从山西广灵进入暖泉镇，经此地再进入蔚州以及城北阳眷等地的唯一路径。门洞的铺路石上，碾出了深深的车辙印痕。木轮车通过这条路，翻越千山万壑，将各种物资运往南北。暖泉镇西古堡的车辙，一直向南北延伸，延展到久远的历史。

西古堡城门上建有真武庙。中国古代建筑传统中，凡重要门户都要请神仙来护佑，真武大帝镇守此门，可以保佑城池的安全。后来，河神、火神也被相继请来，共同守护此门。

一般来说，但凡地名带有“山”与“水”的，都与当地的山脉或河流有关。暖泉镇的一个“泉”字，是否与河流或其他泉源有关系呢？

《蔚州志·渠道图》记载：“暖泉，出城西三十里暖泉堡中，泉之源以石分东、西流，曰东角、西角，村人习称也”，

坐落在村堡北墙上的真武庙。

又说：“其水澄清如鉴，三冬不冻。”在这偏野塞地，能有一眼长期不枯的泉水，实在难得。

此泉长期供村民生活饮用和灌溉庄田。在泉水的南侧，还建起一座书院，也就是暖泉书院。另有一道围墙将泉水围成了“半亩方塘”，避免闲人随便到泉水边来。《蔚州志·地理志》卷四里有记载说，书院中曾有过“天光水影共徘徊”的时光，“汩汩其来悟词源之出峡；明明在上勿坐井以观天”，我们如今身临其境，仿佛依然能听到来自暖泉之畔朗朗的读书声。

西券门位于西古堡的西北方，与古村堡北方的西市相连。经过“西券门”可进入暖泉镇集市，入了“西券门”又必须经过“西市”，再经过“上街”和“下街”。

西市是一条东西向的街道，两侧店铺鳞次栉比，商业

暖泉书院

气氛浓郁。西市两头又叉出两条街，分别称上街和下街，两条街的东头是一片空旷的河滩地。那里渐渐被辟为“广场”，此地便是暖泉的“露天集市”。暖泉镇地理位置处在交通要道，自古具有军事上的意义，也是一个农产品贸易集散地，有商业贸易的基础。被称为蔚州八大集镇之一的暖泉镇，很早就发展成了规模很可观的集镇贸易市场。

集市是乡村社会货物交换与人文交流的重要场所，西市、上街、下街与河滩市场，组合成了暖泉镇的主要集市。这个集市承担了暖泉周边地区的经济和文化交流，是这个地区的文化经济中心。暖泉集市对发展当地经济、活跃本镇人民文化生活起了很重要的作用。

这里的集市少有固定的店铺，更多的是“游动商铺”，俗称摆地摊的，同时有草市街、米粮街等专卖同一类农产品的地方。总之，每到集市开张之日，商贩云集，撂地摆摊，人气很旺。再加上一些当地艺人的民间表演，原生态文化进入集市，带有乡间文化的温馨和乡土气息的野味。

上街和下街的三角地带上，有一座关帝庙。“关帝神”是三国时期关羽被民间神化的化身，是以农民心目中讲忠义诚信的英雄人物形象为原形塑造的神。淳朴的农民也希望自己能像“桃园结义”里的刘备、关羽、张飞那样重情重义，讲究人的品位，不做对不起朋友的事。

“桃园结义”反映出来的是中华民族厚重的忠信与诚意，宁可失去自身利益，也不失去信用的经商之道。特别是在经济社会里，诚信尤为重要。再有，关公有“武财神”的雅称，但凡商人做生意，都愿祈祷他来保护自己顺利生财。历史上有好多商会会馆，都要拜祭关帝，祈求平安发财。

西古堡地处壶流河畔，就像是一座孤零零的小岛，由护城河所环绕。西古堡的护城河是一道人工开掘的沟渠，除了村堡西北和南瓮城处有隔断外，护城河绕整个西古堡一圈，要在村堡四周深挖堑壕以保护村堡的安全，这种构筑方式在蔚县古村堡建筑史上是很普遍的。在村堡四周开挖护城河，也就是开掘堑壕进行防御，或利用天然沟壕、河流为屏障。

西古堡有南、北两个城门，分别筑有瓮城。整座村堡南北长 221 米，东西宽 232 米。蔚县境内古村堡的高度一般为 6 米左右，而西古堡瓮城墙高 10 米，比一般城墙高出 4 米。此堡的护城河防御性能也颇具特色，护城河的入口十分隐蔽，敌人骑兵即使来犯攻城，也无法顺利进入城内。

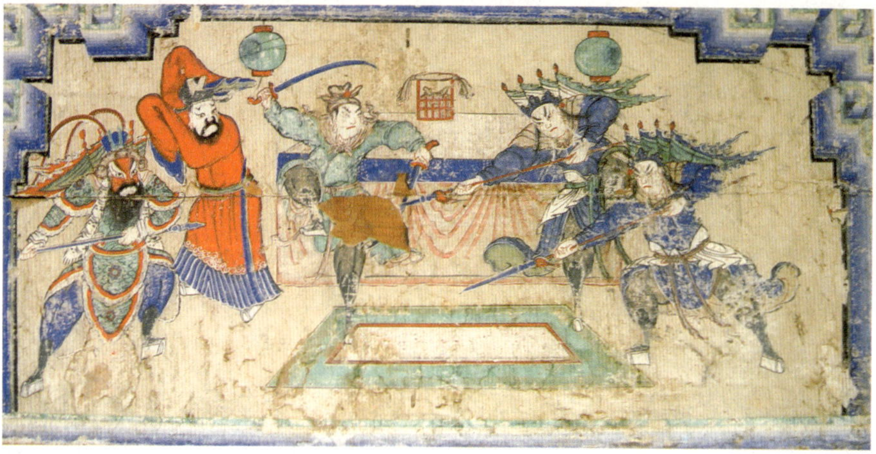

西古堡戏楼隔扇上的彩画。

西古堡南北、东西，各有一条主干街道贯穿城堡。呈十字型的南、北、东、西两条主干街道，将村堡内划分成四个片区，沿东、西、南三面又修有一圈连通的道路。这种道路形制使村堡的交通十分便利，平时方便民众生活，当敌人入侵时，环城路也会方便城中兵马的调动。

堡内有 114 座宅院，是对着街巷开门。这样就拓开了数十条宽窄不一、长短不齐的小巷子，连接着各家各户。最长的街道是南北主干道，长 255 米，而最短的巷子只有 6 米长。城内街巷纵横织连，复杂难辨。一旦敌人攻进城里，守军也可以通过开展巷战，保存实力，等待援兵。这种巧妙的布局具有很强的防御功能。

西古堡南瓮城内建有六座庙宇，分别是地藏殿、鬼王殿、十阎君殿、三义殿、马王庙，以及观音殿。还建有一座戏台，同时设钟楼两座，鼓楼两座，另有僧房数间。这些宗教设施和戏台，体现了城堡中老百姓对和平的向往，对美好生活的期盼。他们逢年过节都不会忘记请各路神仙来保护村堡和居住在村堡内人们的幸福安宁。

古人筑城堡的周密设计是从多方面考虑的，如果从大的地域与城池的规模来看，西古堡也仅是民间一座小小的村堡，但它本身蕴含的城堡建筑学内涵是十分丰富的。军事上的防御意义、温和柔性文化味十足的民居意识、求福保安丰衣足食的民生之道、安己宁神信仰有德的宗教意识、珍惜和平企求社会稳定的社会安全意识，都在蔚县一座小小的村堡中凸显出来。

小小的村堡中，竟然有一系列庙宇。

安定宁远南留庄村堡

南留庄堡坐落于蔚县城西北 10 多公里处，古村堡外的南留庄镇很繁华，更显得古堡的宁静。古城墙在湛蓝色天空的边际，像一条柔美的金色曲线，曲线的尽头延伸到了远古的苍穹。

南留庄堡有东西两座堡门，分别称“安定门”和“宁远门”。东堡门是安定门，娘娘庙就建在东门外，庙门前有高达丈余的台阶，拾级而上才能进入威严的山门，不由得给人一种威严之感。娘娘庙始建于明朝嘉靖年间，占地 1112 平

娘娘庙前廊宇森严。

方米，庙前有一个广场和一个古戏楼。2005 年，作为村里的明清重要古建筑之一，娘娘庙得到了全面修缮。站在古庙里，只见古木参天，廊宇森严。

南留庄村现有固定人口约 4000 多，其中有小一半的村民姓门。相传明永乐年间，保定顺平门姓商人来到蔚州做生意。他们看中了这块地方的风水，花重金请能工巧匠，建成一座村堡，取名“南留庄”。是来自蔚县南边的人，长期留下来居住的村庄。

南留庄堡内有九连环门家大院，共 18 进院落，连环相扣，220 多间房屋，占地约 8 亩。曾经的九连环大院，早已被分割成若干的院落。有的过门和通道上着锁，有的则早已经用砖墙堵死。如今的九连环大院，走不远就不通了。每进院落就是一个四合院，由正屋和东西厢房、南房组成。在过去，正门平时是不开的，出入只走侧门，只有重要活动时正门才能打开，可以从大门直接走到最里面的院子。

有些院落的门楼设计得非常巧妙，由立柱按照戏台形式搭建而成，它们平常是出入宅院的门楼，唱戏时门楼就是现成的戏楼，这块十余平方米的地方就变成了一个很专业的小戏台。正屋大门敞开后，主人、贵宾坐在屋内，一边品茶，一边看戏。走进门楼，穿过影壁，就可以看见二门的门楼。进二门就是宽阔高大的院落，都由正房、东西厢房和南房组成。房子好的少，坏的多，有些房屋的顶都已经塌陷了。有的房屋只剩下残垣断壁。

南留庄堡的堡门。

南留庄的大部分古建筑，也和其他古村堡一样，经过数百年风雨剥蚀后破坏很严重。南留庄人知道这些古建筑的历史文化价值，知道没有了这些古建筑，也就没有了南留庄村的历史。为了保护以明清古建筑为主的文化古迹，南留庄村民捐款对古建筑进行修缮。完成了真武庙、关帝庙等古迹的修复，并计划逐步修复门家九连环大院及其街道。

沧桑依旧水涧子三堡

从蔚州古城向西北行 15 里，坐落着三座亲如“兄弟”、彼此守望、互相呼应的村堡，这三个村堡被当地俗称为冲积沟的“小城堡”。因其地形的原因，下冲沟里常年积水，所以得名“水涧子堡”。人们习惯以地理方位来区别，称这三座“水涧子堡”为水涧子西小堡、水涧子西堡，以及水涧子东堡。

这三座村堡和暖泉三堡有异曲同工之妙。东堡距西堡东北约500米，站在地势偏高处，也就是北端的三官殿或东堡与西小堡的真武庙台基上，能清楚望见其余二堡的全貌。水涧子三堡地处冲沟环绕的台地上，以深沟为天然屏障，形成了一个很特殊的地理环境。

西小堡周围被沟堑护卫，西堡则西邻冲沟，北距冲沟有50余米的距离，东堡三面均邻冲沟。据一些资料记载，最先建筑起来的是西小堡。后来因为堡内人丁兴旺，难以容纳越来越多的人口，就有人开始外迁，在堡外建起了现在的西堡。

随着人口继续增多，两座堡又“人满为患”，难以容纳了，就又有人继续外迁，于是又在西堡东北建造了今天的东

蔚县的许多古城堡中，仍然住着居民，他们同先祖一样生活在这里。

堡。村堡与人口的关系是符合人类民居发展规律的，也符合村堡文化的发展理念。村堡是为人居而建的，人口增加，村、堡、城市就渐渐发展起来了。

西小堡是一座很小的村堡，用“小而精妙”形容毫不过分。它的长度和宽度均不超过 50 米。而且所处的台地相当狭窄，东、西、北三面堡墙是“悬邻绝壁临风矗立”，南面堡墙外有很少的空地，作为住在城堡内居民的活动场地。

村堡东南角朝东的方向开有砖券城门。据老人们回忆，当年券门的城墙台上建有三义庙，为弘扬人间的仁义和忠信，又为保佑城门和城楼。券门外还有一座五道庙，现三义庙和五道庙均已被毁。堡内各有一条南北走向和东西走向的街道。街道窄小多拐弯，其形制很利于防御，但平时对居民来说，交通就显得很不便利。近些年，堡内居民纷纷外迁到堡外盖新房。南北走向街道的北端正中建有真武庙一座，庙的规模很小，面阔为一间，另有东西小耳房，庙阔 3.5 米左右，庙前残存石碑一通，字迹依稀可辨：“堡中北有庙宇，以镇浮浇之风而共安之。”

西小堡内最负盛名的民居是肖老万宅，又被称为“肖老万帽铺坊”。其是堡内建筑规模最大的民居，建筑质量也最好。这套大宅内有七间房，东、西各正房三开间，大门开在西南角，为硬山顶。宅内建筑物雕饰华丽，特别是砖艺相当出众。宅的旧主肖老万在 20 世纪 30 ～ 40 年代为堡中最富有的居民，相传所做生意是开帽铺坊。

西堡的全称是“水涧子西堡”，南北长 187 米，东西宽 147 米。堡内有三条东西走向的巷子，有南北走向大街一条。堡内就被这些街巷划分为整整齐齐的六片居民区。据当地人说，解放前堡内有百余户人家，总人口有五百左右。人口最多的时候是 20 世纪 60 年代，估计有七、八百人。从 80 年代开始，政府在堡外批地建房，堡内居民就陆续外迁，而现在堡内大约还有四、五十户人家，150 余人。

水涧子西堡南门上的城楼一楼多用，南半边为文昌阁，北半边为倒座观音殿。

水涧子西堡本来叫水涧子中堡，20 世纪 80 年代以前，正是人民公社化时期，水涧子中堡和水涧子西堡共同组建了水西堡生产队，以便和水东堡生产队相区别。当时中堡内居住的人口远比西小堡多（中堡有村民七、八百人之多），所以村民们说到“水西堡”主要指原先的“水涧子中堡”。近些年西小堡人纷纷迁出，几乎荒废了，所以“水西堡”便名正言顺地为中堡独享了。

水涧子西堡没有按照蔚县村堡的建设惯例，在南门建一组庙宇，也没有在北门的位置建真武庙。在它南门正冲城门的地方筑一戏台，而在北面的堡墙处开了一座北门，在北门外建一座关帝庙，城楼之上还建有一座三官庙，并由增广生员庞怀珍书写了碑文，并刻于石碑之上，立于三官庙廊下。碑文曰：“三官神祠，由来旧矣。万历年间监生吴公荷重重修。”

水涧子西堡南门上的城楼，南半边为文昌阁，北半边为倒座观音殿，城门外尚有一座戏楼，坐南朝北，正对城门。这种一楼多用的设计，令人深感当时筑城者设计方面的良苦用心。古人对于城堡的使用价值的追求，看来也是考虑再三的，既祈求神佛护佑，又有希望文化昌盛之意。

水涧子东堡规模比西堡要小，长和宽分别为 109 米和 114 米。走进城堡内，才见街巷也不如西堡那么规整，除了贯穿南北的一条大街，东侧有三条街巷，西侧有两条街巷。堡内住宅残破废弃情况很严重，近年居民多有外迁，堡内仅存20余户人家，近百居民。

水涧子东堡是个杂姓村落，有24个姓氏在堡内落户。尽管堡内民宅破损很严重，但村堡内如南面的城楼、城门、戏台、庙宇等建筑群保存得却很好，北面的真武庙还基本保持原貌。拱券结构的城门洞，中间放置两扇木门板，门之上还有一石匾，上书："水涧子东城"，落款为"乾隆五十八年"（1793）。城门楼同时也是文奎阁，采用硬山顶，面阔二间。《创建文奎阁碑记》记载，文奎阁是当年刘培元募捐修建的。

南门外有观音殿和龙王庙。据村里人介绍，龙王庙内原有两座大的、四座小的龙王塑像，每逢大旱年景，村民们就组织起来祈雨。把那两座大的龙王爷塑像抬出来，先是在堡内游街串巷，然后再送到附近的老虎窑、马湾或后涧（此三处皆有水）祭祀一番，然后再由人们护送，抬回龙王庙。古人以此种方式来祈神祭祀，以求年景好转。

别具风韵的宋家庄堡

在蔚县城南七里处，有一座既古老又年轻的宋家庄古村堡。说其古老，是因为它身上至今仍保存的古村堡文化魅力；说其年轻，是因为它的身上又放射出新的文化风韵。那座消逝于历史风尘中的旧堡很小，方圆不足一平方公里，人们习

宋家庄的堡门上刻有“昌明”二字，透过门洞可以看到里面的穿心戏楼。

惯称其为“旧堡子”，旧堡子是由宋姓人家建起来的，故称其为“宋家庄堡”。旧堡子在经受过千年历史风雨的侵蚀打磨后，现在已荡然无存。

今天人们所见到的宋家庄堡为“新宋家庄堡”，始建于明朝洪武初年。今天人们依然安居其中的这座所谓的新堡，也有几百年的历史了，差不多是与明朝同时代诞生。旧堡子内原来居住有宋、史、韩三姓人家，新堡破土动工的时候，旧堡内的宋、史两家已经衰败下来，韩姓成为堡中统领性的家族，虽然在明朝弘治、正德年间又陆续迁来了苏、邹两姓，韩、苏、邹成了宋家庄堡的三大家族，不过“宋家庄”堡的名字已经被叫习惯，成了村堡的永久性名字。这也是后人对古村堡创建人的纪念，人们很少会随意改变流传使用多年的古老村堡名。

宋家庄的堡门上，没有像其他村堡那样，习惯性地刻上堡名，而是刻了“昌明”二字。昌明寓意堡内民生祥和、经济发达、文化昌盛之意。堡门城楼上建有一座魁星楼，民间有“魁星点状元”的传说，是寄希望于魁星保佑堡内人才辈出。古人在建堡时的期望都表达在古老的建筑物上，民居的传统理念也在堡城的设计时充分体现了出来。

宋家庄堡的街道有一个奇特的现象，在街道布置上充满了对人文思想中“文”的崇拜。站在魁星楼向北俯瞰，街道和正北的真武庙，组成了一个“三横一竖顶一点”的“主”字型，即真武庙前有一条东西向的横街，堡中央有一条东西向横街，从堡门内又伸出一条横街，而从真武庙至堡门有一条南北大街，就像是那有力的一“竖”，把三条横街穿过，成为“主”字中间那一道不偏不倚的“竖线”。

从魁星楼向南俯瞰，堡外正南约 5 米处与堡门洞相对应的是关帝庙，而从堡门到关帝庙又开了两条大街，这两条街正好呈现了一个“人”字的一撇一捺。这样，堡内的北部和南部的两片区域的街字型正好成为“主人”二字，这就引出了一个趣谈，当年建堡的人为什么要以“主人”做古堡的街道造型呢？寓意虽是谜团，但也能从中体味出这奇妙之处丰富的文化内涵。

宋家庄堡内的古民宅有 30 余所，均为四合院和连环院

（右页图）在唱戏的时候，廊道上面铺上木板，台上唱戏，台下仍然可以过人。

的民居风格，现在大部分保存完好。这些古民居大多为砖木结构，青条基石，青砖灰瓦，白灰抹缝。屋顶均起脊，装有吻兽。门窗均为木制，门窗上均雕有亭台楼阁，琴棋书画。临街的门楼、内影壁、房屋檐廊、左右邻街外檐均用砖雕修饰，图案有树木山水和各式花鸟虫鱼。木雕与砖雕有平雕、浮雕、立体雕刻，工艺精致细腻，很见功力。造型惟妙惟肖，很有观赏价值和文化品位。

宋家庄古堡内最令人叫绝的精品建筑当属建于明朝万历年间的穿心戏楼。这座戏楼坐落于东西大街之中，距离堡门约 5 米远。其别致的建筑风格、独特的构造、精美的设计很有观赏与使用价值，这座戏楼最突出的特点是中心台基下面是空心的，平时人们出入城堡就走台基下的空心廊道。唱戏的时候就在廊道上面铺上木板，台上唱戏台下过人。

宋家庄的穿心戏楼建筑工艺很独特，呈卷棚式，八搭椽，双脊，六出水。戏楼正面椽头雕有狮子头和戏剧脸谱，正面檩的正中雕有五条金龙，均为浮雕式，看上去极其逼真，形态栩栩如生。楼台上有明暗木柱，明柱上挂有楹联，内壁上有彩色壁画，东面壁上是《拜寿图》，西面壁上是《缘牡丹》。后壁上有木制装板，绘有《百古图》。后来，这些很有观赏和保护价值的壁画均遭到不同程度的破坏，但戏楼主体建筑仍然保存完好。

水蕴毓秀的上苏庄堡

曾经有上苏庄村民在建房施工过程中，挖出过古老的石磨、灶台、盆碗、古钱币。考古学者认定北魏时期上苏庄曾经人丁兴旺，烟火旺盛。还有专家考证，远在新石器时代，上苏庄一带就有了人类生存过的痕迹。

北魏时期的上苏庄不在现在的村址，而在村西的西洼地，村名也不叫上苏庄，而是叫“底村”。据有关专家推测，远古时候这片土地东南山峦草木茂盛丰密，鸟兽成群，原始森林郁郁葱葱，有北口峪和水峪两条山溪滋润。居住在这里的人春种秋收，丰衣足食，得享太平天年。随着人口逐年增加，农业日益发达，自然生态受到严重破坏，草木稀疏了，山泉变色了，洪水泛滥季节屡屡暴发山洪，时时威胁“底村”人的生命财产安全。村人便勘察了风水，重新选好村址，于明朝嘉靖二十二年（1543）重建了庄堡，并取名“上苏庄”。

“上苏庄”的“上”字，与原来的“底”字相对，取“上走”即风水向上的意思，寓气象更新，万物复苏，希望庄堡再度腾飞。上苏庄的历史已经有450多年了，虽经过数百年的风剥雨蚀，堡墙、堡门和堡内建筑基本还保存完好。上苏庄很可能是受“底村”时代颇受水患威胁的启示，堡内地形东高西低，落差很大，条条街巷都用山石铺面，这种山板石路很便于泄洪和保护路面。即便是下大暴雨，形成了洪水，也可以很快很顺畅地排出堡外。有暴雨降落的时候，街巷内的雨水在山石铺成的石阶路上流淌，发出悦耳动听的哗哗声，所以上苏庄村堡内的街道都有一个好听的名称，叫“响堂街”，而“雨响堂”又是当地人对演奏音乐的厅堂的方言俗称。

图中堡门内铺的是山石路面，上苏庄堡的街巷为了排水，都是这样的路。

上苏庄的形制，从上空鸟瞰，就像是打击乐器的镛锣（是用木框做架子，分成若干方格，方格内悬挂着好多个小铜锣）一样，东西南北的街道正好排成镛锣的木制框架，而堡内所有的四合院正好酷似一只只镛锣，故又有人称上苏庄堡为“镛锣堡”。这样一来，一个“响堂街”，一个“镛锣堡”，就使上苏庄有了两个既浪漫又颇有浓郁文化色彩的别名。

上苏庄以庙宇多、艺人多而远近闻名。堡内有财神庙、福神庙、风神庙、龙王庙、观音庙、五谷庙、奶奶庙、五道庙、三义庙、井神庙、关帝庙、三元宫、阎王殿，以及释迦寺等。如今这些庙宇除了财神庙、井神庙、龙王庙和福神庙略可见残垣遗迹外，其他都保存尚好，尤其是三元宫、三义庙、关帝庙、释迦寺中的壁画，至今看上去仍栩栩如生，十分清晰。

这里的庙宇非常多，图中左面的屋子就是座庙，中间远处也是座庙。

上苏庄有演唱戏剧的传统，当地人唱戏，不仅是一种娱乐，更是为了敬神。清朝咸丰、同治年间，上苏庄堡就有了自己的秧歌戏班子。光绪年间，又培养出一大批闻名四乡的秧歌艺人，其中最为著名的要数袁守千。这里的一代代人辈辈相传文明薪火，创造着古朴的文化。

历史文化名村北方城

北方城村堡位于蔚县城北 9 公里处的丘陵地带，始建于明朝万历四年（1576），因村堡平面呈方形，故名“方城”。北方城坐北向南，南堡门是古堡的唯一入口，高大的砖石券堡门保存得较为完好。拱券上镶有一块扇面形石匾，上镌三个楷书大字“北方城”，这块匾不是古物，是重新修缮堡门时做的。

北方城村堡历经 430 多年风雨，黄土夯筑的堡墙大部分已经毁坏或被人为拆除，剩下的残墙也只是断断续续。但城堡的内部基本保持着明代的布局。村堡有明、清时期和民国年间的民宅、戏楼、庙宇、碾坊、堡门等古建筑群体，是蔚县众多古城堡中格局保存比较完整的一座。特别是典型的北方四合院式建筑群，虽然很多已经十分残破，却仍不失为研究中国北方历史与民俗文化的重要基地。

北方城并不大，站在南堡门便可直接看到城北尽头的真

北方城的城门高大威武。

武庙。进入城南门，是一条由南向北的街道，长约 100 米。靠近北城墙有一座佛殿，门上匾额书“三觉圆”。佛殿的北面是一座称为“北极宫”的真武庙。真武庙建在城堡的北墙上，进入庙前的山门后，还要登数十级台阶才能进入真武庙，庙宇虽不大，却显得很肃穆。

北极宫分两重院落，一低一高，用砖砌的梯阶相连，第二重院落内的钟鼓楼保存完好，古钟尚存。围墙的垛口也都砌成十字花格的形式，既美观又便于远眺。殿顶正中直插云霄的三股叉应是北极宫功能的最好象征：借真武武力来保卫堡民的平安。北极宫内现存的一块石碑记载，该庙曾于民国四年（1915）重修。学者赵世瑜先生认为，蔚县一带的真武庙基本都是始建于明代。从明朝的永乐皇帝朱棣大修武当山宫殿楼阁庙宇，供奉真武大帝神像开始，明朝皇族成员大都

信奉道教和真武神，朱棣此举主要是为把其得到皇位说成秉承神明的旨意。

远处是北方城北部的真武庙。

凤凰展翅的大固城堡

大固城古堡始建于明朝成化年间，至今已有530多年的历史。大固城古堡是蔚县非常具有特色的古堡之一，南北长700多米，东西宽400多米，堡址成长方形。堡内有东西走向的一条街，对街开设有东西堡门，东西走向的大街穿堡而过，故大固城古堡又被人称为“穿心堡”。

大固城古堡堡墙底宽五丈，顶宽一丈，高三丈，用黄土夯筑，墙体非常坚固。原来堡的四周建有炮台，炮台上曾架

有数门火炮，东西堡门用青条石做基石，砖石拱形的门洞，用铁皮包裹的木质门扇，门扉上镶嵌“百事大吉”和“天下太平”字样。

（左页图）从大固城现存的城门城墙，依稀可以看出原来的雄武气势。

大固城古堡的门高大雄伟，上有砖雕斗拱悬鱼等饰物，显得庄重又有艺术品位，堡内民宅、寺庙、戏楼均为砖木结构，其建筑工艺精湛，很有文化内涵。古堡还有一个非常有趣也很美丽的别名——“凤凰城”，这是因为堡内外寺庙建筑奇特的布局而得名，人们说三官庙是凤凰的鸟头，三贤庙是凤凰的鸟尾，堡东的东大寺和堡西的西大寺分别为凤凰的一对翅膀，而处在中心地位的关帝庙正好是凤凰的心脏。

古堡内庙宇众多，有东大寺、西大寺、三贤庙、关帝庙、三官庙等十余处，这些庙宇为人们在年节期间祭祀神灵所建，是古堡在儒、道、佛文化的氛围中生存的见证，同时也证明堡内居民对传统宗教的信仰与崇拜。

一些老人们回忆到，过去大固城古堡的人口较少，而土地相对要多些。初建城堡时只有吴、兰、卢三姓，后来慢慢地迁过来一些外姓，不过人口总量不超过1000人。当时人均土地达到十多亩，农民在有足够土地资源的条件下，很不愿离乡背井，大固城的居民，过去就很少有人外出打工谋生。为了能过上丰衣足食的日子，就要祈求神祇的护佑。拜庙供神是日常生活中必不可缺的内容。

大固城每年农历十二月十五日是老爷庙会，这是大固城人非常重要的日子。老爷庙会很热闹，各寺庙法事很多，诵经声此起彼伏。各方前来求神拜佛、送香火的人络绎不绝。来做生意的商贩们也会抓住这个商机，做起各种生意。庙会上人流如潮，日用百货摆满会棚，琳琅满目。庙会举办三天时间，期间那些民间杂耍的、变魔术的、唱秧歌的都要来凑热闹。这些来自附近乡镇的表演，给庙会增添了很多趣味。

名刹古堡郑家庄

郑家庄位于蔚县城东南12公里处，全村有1000多人，由安、邢、陈、郭等大姓组成。明初建村修堡，清乾隆五十九年（1794）重修堡门，现在城门和门匾都保留得很完好。

郑家庄被称为“名刹古堡”，是因为其村堡东南坡头有座“峰山寺”。

峰山寺建于明朝洪武年间，为云游四方的山西省五台山僧人、著名法师募化创建。600年过去了，它依然保存完好，是远近闻名的古刹。据碑文记载，“依山立寺，故特指名曰‘峰山寺’。”峰山寺几经修葺。第一次是在清顺治辛卯年（1651），大殿增盖了僧舍两间，重新砌垒了围墙，还新建了峰山寺的山门。道光乙酉年（1825），峰山寺又面临严重的“墙倾木折，瓦崩像凋，无以壮观，邑人莫不目睹而心伤焉。”这次修葺募得资金七百两白银，重筑了围墙和修建了山门。这次修葺

峰山寺香火鼎盛。

工程比较大，可见古刹附近乡民心目中的地位很高，在当地宗教文化中的分量也可见一斑。

郑家庄古堡地处飞狐古道这条古栈商道附近，许多人家经营起大小骡帮。最鼎盛的时候，郑家庄村组成了有数百条骡子的驮帮队，如陈老修、陈老凡、安老道、邢志润、付老条、王老石、蔡老选、郭老旺等，都是驮帮队的高手。当时社会很不安定，往返于飞狐古道上的驮帮队，必须有自保的能力才能生存。郭老旺等从事驮帮队的家族，都有很高的武功。也有一些武功好的人，受雇为跑骡帮的提供保护，负责骡帮贸易安全。

郑家庄过去流传着这样的谚语："养儿女教读书，养骡帮支门户"，"养鸡穷，养羊富，养活骡马支门户"。郑家庄的驮帮队把蔚县的小米、白麻、煤炭、药材，驮到近处的广昌去，稍远一点运到张家口、宣化，更远的也有运到内蒙古等地去交易。挣了钱再将买来的皮货、粗布、丝绸、棉花、山货等，转运到其他的地方去交易，最低可赚取两三倍的利润。少则三、五天，多则十天半个月一个来回。日积月累，郑家庄人就这样富裕起来了。

郑家庄的驮帮走进了历史，再也没有回来，但古堡的民风淳朴依旧。

通过跑驮帮挣了钱之后，也有人开设了餐馆、饼铺、杂货铺、豆腐坊，以及客栈等。日久就有人精通了各行的经商之道，成了富翁。比较典型的有“安老典”、“安老相”，资金充足，买下了县城南城门以北大半条街的铺面房，建立起了店铺，以“福巽永”字号闻名县城。

郑家庄古堡民风淳朴，村民诚实质朴。堡内多年质朴优良的传统不失传，街坊邻里关系都很密切，一家有事，多家相帮。特别是现在，青年人大多到城里打工去了，村里只剩下老人和孩子，就更需要这种邻里间的帮助。

石表闻名的单堠村堡

蔚县南留庄镇单堠村堡，位于蔚县城北 7.5 公里处。单堠村堡以关帝庙的两根清代末年的石表闻名，当地人称关帝庙前两根石表为石旗杆。关帝庙对面 40 米处建有一座清代戏楼，每个村都会在大一些的寺庙对面建戏楼，但唯独单堠村堡关帝庙前立有石表，只有这里可以看到庙、表、楼所构成的建筑景观。

石表由砂岩雕成，立于关帝庙正门两侧，通高 10 米。两根石表相距约 4 米，由插杆石、杆体与石斗组成，集“表”与“杆”为一体，圆杆方斗，造型清秀。插杆石高 1.7 米，边长 0.7 米，东表雕琴、棋，西表雕书、画，顶边刻覆莲式

单堠村堡门前的关帝庙。

（右页图）单堠村堡关帝庙前的两根石表。

柱础。石表整体从下到上，由两个大小不同的石斗分隔为上、中、下三段，下部表体南向各浮雕一兽头，口衔阴刻隶书楹联，分别为“三分气压吴江冷”，“一烛光摇汉月明”。上端承插大石斗，石斗下四角刻垂花边，方斗四面各阴刻一隶字，东表“志存汉室”，西表“德配尼山”。大石斗上承中部杆体，杆体浮雕蟠龙，上端承插小石斗，石斗上角悬挂四个铁铎，下四角琢花边，花边中间浮雕四小猴头，方斗四壁各阴刻一隶字，东表“忠心贯日”，西表“义令参天”。上部杆体为素面圆柱，顶端作葫芦宝珠状。

关帝庙、石表、戏楼建于何时，《蔚县志》和《蔚州志》都不曾有记载，村人说法也不一。1881 年 8 月在加固石表、维修庙院围墙时，发现了石碑。据碑文记载，该庙创建于明正德年间，嘉靖二十四年（1545）重修。庙前原为木制旗杆，

配
德

后折断。清光绪二十九年（1903）树起石表。蔚县境内现存大量碑刻，绝大多数是明清时期的，个别的是宋元时期的，这些宝贵的碑刻大部分都没有被列为任何级别的保护单位。从碑刻上可以了解到很多文献上所没有记载的事。

一般都称蔚县古堡为古村堡，但村和堡是一种什么关系，当地居民并不清楚。

赵世瑜先生的博士研究生邓庆平，在蔚县单堠村考察时，通过研究石碑的记载，发现了村和堡的演变情况。她对单堠村现存的六块石碑进行了研究，分别是明万历年间一块，清乾隆年间两块，嘉庆年间一块，光绪年间两块。

万历十二年（1584），单堠堡重修关王祠立碑，碑中自称“蔚郡西北乡十五单许，占迹单堠村堡”，施财善人除本村村民外，还有相邻近11个村庄的居民。在这块碑上的地名，全是称为“某某堡”，如“西韩庄北堡”、“水涧子东堡”、“杜阳庄堡”、“钟楼村堡”等。乾隆十八年（1753），该村重修关帝庙正殿立碑时，则称“无论通都大邑以及乡、村、庄、堡，无不隆祀典崇庙貌者”，将堡与乡、村、庄并列，而自称“本村东门外旧有关爷庙”。

同样的一座关帝庙，在万历年间的碑中，则称位于“堡东郎外”。乾隆二十五年（1760），再次重修关帝庙时，前称“我堡”，后称“合村出资”，将堡与村等同。嘉庆十一年(1806)，该村重修真武庙、观音殿、龙神庙等庙宇时，立碑自称“我单堠村”。

光绪二十年（1894），单堠村与回回墓村之间发生了矛盾，回回墓村原为单堠村的帮庄（所谓帮庄就是没有正式在国家赋税体系中登记的村子，又叫另庄，正式登记的村子叫做正庄），分摊单堠村的赋役，后因回回墓村抗不交纳，单堠村请官断定，后者遂独立成庄，承担赋役。两村分差之时，立碑为证。碑文中称“我村帮庄回回墓”，又称其“坐落我村境界”，故每年“帮我村差摇钱”，“两村和好”，碑中一直称“单堠村”、“回回墓村”，不再以“堡”相称。

这种情况说明，随着和平局面的到来，具有战备防御功能的堡寨鲜明的军事色彩越来越被淡化了。在乡民们的意识中，军事防御性的堡寨已经等同于普通的村庄。从清朝中后期一些城堡修建城门的记录来看，修缮的理由已经不是为了加强防御，而是因为城堡的城门坏了很难看。

蔚州

被岁月掩埋的往事

THE DUST-LADEN PAST

第三章

蔚县剪纸，充满希望与活力

蔚县剪纸令人陶醉，人们陶醉在剪纸的悠然清纯中，陶醉在蔚县剪纸的脱俗璀璨世界里。蔚县剪纸迷人的诗意，在艺人手下的刀与纸之间流淌着。每一刀、每一刻都融进了生活的气息，都镌刻进人们对美好生活的记忆。

在蔚州这片古老文明的土地上，长期活动着不同时代、不同行业的能工巧匠和民间艺人。他们在各行各业，精心设计，巧夺天工，创造了蔚县手工艺品的辉煌，被冠以“勤、能、智、勇”之美名。蔚州的能工巧匠们，在北方大地的流动性很强。过去有“天下十三省，能不过蔚州人”的说法。在蔚县农村听一个老人讲过，蔚县人可以空着两手去闯天下，凭着心灵手巧到哪都能活得很好。实在没饭吃了，撒泡尿把土和成泥，抓起来就可以捏几个哨子，一边吹一边走着

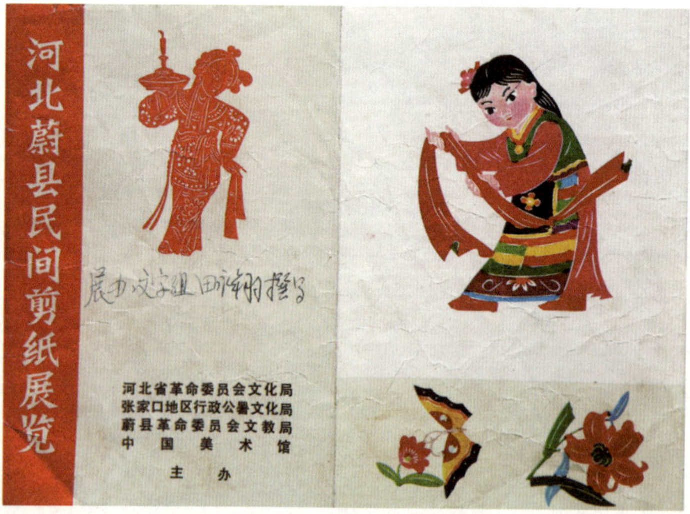

数十年前的一张“河北蔚县民间剪纸展览”说明（田永翔收藏）。

就卖了。

老人给我看的哨子，完全和埙（音熏）的大小结构一样。埙是古代吹奏的乐器，陶制，大小形状如扁桃，底平，上端有吹孔，前后一般有三至六个音孔。无论如何也想不到，埙这么古老的器物，在蔚县人手里竟成了如此简单的玩具。

艺术家通过剪纸，表达对生活的感受。剪纸作品《冰上嬉戏》（李宝峰作）。

蔚县有成千上万个剪纸艺人，他们堪称心灵手巧的民间创作艺人。剪纸艺人独特的充满好奇的艺术思维，会巧妙归纳出简单朴实的剪纸艺术体系和剪纸造型体系，用带有乡土特色的艺术观来指导自己的剪纸创作。这些民间艺人，不是简单的取法自然，简单粗放地追求剪纸形象的表达，进行随意的创作。他们的创作与自然融为一体，与日常生产劳动融为一体。他们怀着满腔追求艺术的热情，又持有真诚朴实的生活态度，积极主动地进入剪纸创作的艺术世界。

蔚县剪纸注重质量是有传统的，据说，该县剪纸艺术的

为北京大学百年校庆刻制的剪纸作品（周广作）。

代表性人物王老赏当年为了保证质量，给自己规定一年只做一刀纸的活。当时的艺人，一般都是每年做一刀半或两刀纸的活。

春燕剪柳，剪纸艺术萌生

看蔚县剪纸，不论什么颜色，我都能读出一种绿。绿绿的山坡，绿绿的湖泊，绿绿的树木，那是一种春风剪柳的感觉，一种令人着迷、令人心醉的感觉。

一个“绿”字，是大自然最真实的写意。蔚县人热爱家乡，热爱生养自己的山山水水。这种爱在剪纸上反映得淋漓尽致。或许，他们对剪纸艺术那种心有灵犀的感觉是他们的心灵对家乡山山水水的呼应，是对千变万化的大自然和农家朴实欢乐生活的呼应。

蔚县剪纸在不经意间，悄悄打开了通往全国乃至通往世界的大门。蔚县的剪纸艺人和其他行业的能工巧匠一样，在平常的活动中，走村串户，东奔西走，很是活跃。

这些民间能工巧匠的足迹几乎踏遍全国，通过内外的交流，吸收了各地剪纸艺术之优点，促进了蔚州的剪纸文化和剪纸艺术的发展。同时，也把蔚县的剪纸艺术带到了全国各地，让各地了解了蔚县的剪纸。

蔚县能够出现群众性的剪纸艺术活动有一定的文化渊源和历史渊源。所有的民间艺术，都与长期积淀的深厚的地域文化分不开。任何地域文化积淀，最终都会生产某种带有地

蔚县剪纸艺术，生发于当地深厚的历史文化，与其他艺术形式相互关联。剪纸作品《踩高跷》(李宝峰作)。

方特色的民间艺术，并表达出这种地域的文化特色。

走进剪纸的世界，就如同流连于岁月的河流中，看水流一点一点将往事带走。中国剪纸艺术萌发的历史，一般认为可以追溯到公元六世纪。但也有学者认为，剪纸艺术诞生的时间还要提前几百年。持这一观点的人认为，剪纸的诞生是受西汉时期与汉武帝有关的一个故事的影响。

汉武帝的宠妃李夫人死后，一个叫李少翁的方士为了安慰汉武帝，曾用麻纸剪出李夫人身形的影像。晚上在一顶方帐中，点起明亮的灯烛，映出了仿如其人的李夫人的影子。在另一顶帐中的汉武帝，遥遥看见烛影中出现了一位美女子，很像自己心爱的宠妃，却不能近前去看，为此汉武帝还作诗一首，“是耶非耶，立而望之，翩何姗姗来迟。”

在剪纸没出现之前，就已经有了用其他薄片材料，通过剪刻镂花等工艺，创作出各种艺术形式的器物。有考古发掘证明在战国遗址中，经常发现用银箔镂空刻花的弧形装饰物。这些用银箔镂空而成的装饰物，在刻制技术和艺术风格上，可以说是为剪纸艺术的产生奠定了基础。

从剪纸艺术的发展史来看，剪纸艺术属于在民间滋生，与当地居民生活习俗特点相关的民间艺术。后来在剪纸的基础上，衍生出皮刻影人与皮影剧艺术。研究者一般认为，在唐、宋以后，中国的剪纸艺术才真正发展到了“剪纸”的阶段。经历了漫长岁月之后，这种艺术在有些地方，与民众生活完全融为一体，慢慢地变为群体行为，深入人心，普及开

来。蔚县剪纸正是一代代蔚县人热爱生活，追求原生态人居之美的结晶。

热爱生活，反映生活，来源于生活，这是蔚县剪纸的主要特点。剪纸作品《除夕守岁》（李宝峰作）。

追溯蔚县剪纸艺术的源头，要从蔚县历史上一些民俗民风说起。蔚县的剪纸被当地人俗称为“剪窗户花”。过去蔚县民间有一种说法“特有钱的人看书，没多少钱的人看戏，最没钱的人看窗花。”在“窗花”出现更早的时候，蔚州当地的民众就有在门窗上“贴红”、“贴白”和“贴喜字”的习俗了。人杰地灵的蔚州土地上，每逢儿女嫁娶或者过大年，都要在窗框的四角加贴上红色的“三角”并重新裱糊新窗户纸，用来祈求未来日子的吉利、运道的红火；而一旦遇到丧事时，就一定将红色的“三角”用白纸遮盖起来，表示对逝者的哀悼。

红纸做的三角装饰物，被当地人称作“红纸尖”或“尖尖”。“红纸尖”要早于“窗户花”很长时间。红纸在民间早已使用，后来发展到过大年贴对子和嫁娶的时候贴喜字。在贴对子和贴喜字的同时，使用最多的还是用纸剪的窗花。遇到喜庆的事，或是在逢年过节，家家户户都要在门窗等处张贴些不同色彩的纸型。在传统观念中，红是喜庆、成功、吉利、忠诚和兴旺发达的象征。这也许是源于古人对太阳神和火的崇拜，在中国古代历史文献中，人们以红色来纪念或庆贺喜庆之事多有记载。

窗花是展现在窗户上的艺术，是人们在尽情地享受阳光之时对生活的美化。传统的蔚州手工艺人剪刻窗花之风的流行，应该是深受唐、宋时期出现的“镂金作胜”风俗的影响。这种从外面流入蔚县的艺术形式，后来经过蔚县民间艺人的想象、模仿、创作，逐渐形成了本地独特的风格。

如今，窗花已经淡出了窗户，变成了收藏艺术品（剪纸作品由任玉德提供，其母亲创作）。

民间自然是用不起金银箔，在纸产生的初期，肯定连纸也用不起。只有当纸张成为平常百姓的日用品时，才有可能渐渐发展成用纸剪窗花。古香古色的古城堡，贴着漂亮剪纸的农家小院，真像一幅幅自然天成、渲染极致的山水画。

时光荏苒，到了今天，窗花已悄然淡出了窗户，剪纸逐渐成了一种“非文化物质遗产”的收藏艺术品。在外事活动中，我们常送给外宾精美的蔚县剪纸，外国朋友捧着剪纸，人人都是爱不释手。

窗含千秋，剪纸的历史追溯

蔚县的剪纸，不是用剪子剪而是用刻刀刻。据传早期蔚县也是用剪子剪窗花，是从一位叫刘老布的银匠开始改成了刻窗花。刘老布是一位巧匠，用刻刀可以雕刻出银首饰的各种图案。他看见人们剪的窗花很好看，自己也想剪些作品。可是他使惯了刻刀，却用不好剪子，最后索性用刀子刻起窗花。刘老布刻的窗花比剪的更精致，也更快，很受人们喜爱。后来人们就都向他学习，改用刻刀刻窗花了。

有些民间艺人大胆创新，把自行车的辐条用来加工，改制成刻刀，点染剪纸的颜色也开始使用了德国进口的品色。剪纸刻画工具的改进和色彩更加鲜艳的点染，为蔚县剪纸的

剪纸磨炼了人们的心智，美化了生活，也反映了生活的美好。剪纸作品《撒土埋鸡》（李宝峰作）。

创新与发展起到了推动作用。民间艺术研究专家说得好，蔚县剪纸是由农家小院的门窗上发展起来的、具有蔚县地方特色的民间艺术。

剪纸和门笺、灯花一样，一般都是在逢年过节时最盛行，到了春节或元宵节等主要节日时，蔚县家家户户都要贴上各式各样的剪纸。漂亮的剪纸贴在窗户上，也有贴在居室的门、墙或器具上，起到了美化家居、美化家庭文化环境的作用。

据相关资料显示，蔚县的窗花到了清朝乾隆年间，已经发展到比较成熟的阶段。那时候的蔚县农村，男女老少都动手剪刻剪纸。剪纸材料易得，成本低廉，装饰效果明显，差不多人人都能够参与，适应面很广。这样不仅磨炼了心智，还美化了生活。同时剪纸还进入了农村集贸市场，直到今天，每逢传统节日，蔚县各地都能见到有剪纸在集市出售。

在蔚县，剪纸不仅表现了群众的审美爱好，还蕴含着蔚县人对美好生活的追求。民间剪纸作为民间文化的体现，在表现形式上有着全面、美化、吉祥的特征，同时蔚县剪纸是用自己特定的制作形式，传达出了地方传统文化的内涵和本质。

20世纪初期，蔚县的南张庄有位著名剪纸艺人王老赏。王老赏从小就是个剪纸迷，他从七八岁时就开始跟大人学习

一代剪纸名家王老赏（蔚县剪纸一条街上的半身塑像）。

点染剪纸，到了十二三岁时就学会了用刀刻剪纸。他从艺四十多年，不断钻研改进刻纸工具，多方探索，创新画稿，研究染色配色的技艺，并且积极进入市场，终于使蔚县剪纸从画、刻、染到销售得以优化整合。

王老赏还有两个弟弟，做窗花也很有影响。二弟叫王老积，见哥哥在平川地带发展得很好，就带着制作窗花的工具和材料进了大南山，闯出一片新天地。三弟叫王老善，以刻蓝、绿色的“素窗花”而成名，专卖给办丧事的人家。蔚县老人们都知道这样的话：王老赏的窗花川下有名，王老积的窗花山上有路，王老善的素窗花独一无二。

窗户就是剪纸的载体，蔚县剪纸是在窗户这个载体上发展起来的。在传统建筑观念中，房屋的窗户是要朝南的，面

在剪纸上，能找得出来蔚县人追求美好、崇尚艺术、古朴自然的心灵之美。剪纸作品《舞活龙》(李宝峰作)。

向阳光，而且南面是人们习惯定位为正面方位的正前方，在传统文化中是充满了神圣感的方向。为了迎接每一天升起的太阳，房屋向南一方都会在春、夏、秋等季节里打开窗户。一般的房屋向南一面，都是由一扇一扇窗户组成的。而这些窗户，又是每座房屋的“脸面”，要讲究受光照、亮感、美感、豁然亮堂的感觉。

人们在建造房屋时，都要想方设法，在窗户的样式设计、建筑木材、雕刻工艺等方面，做精细的设计和装饰，把窗户的样式和造型做得很讲究。每户主人都分别以各种格式的窗户，显示自己家庭的个性，讲究美感。其目的把自己的身份、地位、影响放到窗户上面，挣一个脸面。

在不同地域，不同气候带上，民居房屋窗口的设计、作用也不同。北方地区春秋和寒冬三季风沙大、气候寒冷干燥，窗户一般很少打开。再加上农村人家的窗户大都不刷油漆，这就给剪纸提供了一个很好的展现空间。灰褐色干裂的窗户，糊上雪白的窗纸，再贴上漂亮的剪纸。过去刀技粗犷，刻制略显粗放，色彩浓艳、带有浓郁乡土气息的剪纸正好与之相呼应，呈现出略显土气却大方、美丽的地域民居色彩。

由于气候的原因，蔚县当地民居房屋建筑设计时，都会把建筑的美学加强在房屋的正面，把窗分为很多格子，这又给居民贴挂剪纸提供了很多便利条件。还有就是纸糊的窗口不透明的特点，纸糊的窗是不会透景的，这也使蔚县剪纸的色彩得到更好的发挥。

不管天阴还是天晴，不论在明朗白昼还是在漆黑的夜晚，不分在户外或在户内，你都能通过太阳光照、灯光反映来观赏剪纸，有机会领略剪纸给生活带来的色彩。

农家小院的窗户是剪纸的主要载体，而不同房屋的建筑样式又多种多样，每家每户的窗口大小各异，而窗的布局设计一般都是随主人意愿，组合成各式各样的格式。这些都给剪纸的艺术展现，带来了形式与内容的变化。

蔚县的民居窗口，按制作样式和安装位置，分为联合窗和独立窗。不管什么样式的窗，主要都是安装在房间的正面。安装在房间的后墙或侧墙上的窗户一般都很小，主要是用它来补光和通风。房屋正面的窗户，根据房屋主人的需要和喜好，各家各户也都有不同变化。

蔚县每一户人家的住房，无论是三间还是五间的，都有室窗和连门窗的完美组合，这主要表现在窗权与窗框的样式变化上。这些变化也决定了剪纸的样形、画面的大小、内容风格的多样变化。

蔚县在后期民居建筑中，传统室窗的基本样式发生了变化，在当地，人们把它俗称为“灯笼套”。“灯笼套”的做法是先把整个窗口分为上、下两部分，下部像是北方土建民居，普遍安装玻璃，在窗的上部排装“灯笼套”式的窗扇。

这种窗扇格式排列得更加规范，窗的上下左右对称，主次分明，轻重有序，权块分割自然。如果再把漂亮的剪纸贴挂在上面，能获得更为强烈的视觉冲击。在风和日丽的季节或在凄风苦雨的日子，剪纸窗花都给人们提供了美的享受。抬起眼睛，就可以看见最灿烂的祝福。

不同时期，房屋的窗户是变化的，剪纸创作的图形、内容、风格也都随着这种变化而变化，与窗杈样式的变化相宜相衬。剪纸窗花与窗户发展变化的一致性，是民间艺术的与时俱进，难能可贵。

过去在蔚县，剪纸除了贴窗户之外，扎“粉门”使用量也较大。“粉门”是蔚县民居遥远的一道风景，据蔚州当地的老人们讲，20 世纪 60 年代蔚县农村“粉门”还随处可见，农家院子用秫秸秆扎个“小柴扉”，用纸裱糊起来，然后贴上各式各样的剪纸。扎“粉门”的习俗，不知道从什么时候开始。多少年、多少代过去了，蔚县农家一直保持着糊“粉门”贴剪纸的习俗。然而现在即便是在较为偏远的农村，再也见不到“粉门”了，它已然成了老年人的记忆。

过去到市场去推销窗花要做“亮子”，用于展示自己买的剪纸。选烘干无节的好红松木，按照设计，先打制出窗格一样的木架子，再在木架子上裱好白纸，然后主人按照自己的喜好，再在裱了白纸的格子内贴上各式各样的剪纸——这就是“亮子”。

在漫长的历史岁月中，蔚县大大小小的古堡村落里，城乡所有的大小集贸市场上，每逢到了冬季农闲的季节，随处

（左页图）这就是“亮子”。

都能够看到当地的剪纸艺人或经营者用特制的专用工具，载着一面面贴挂着剪纸的“亮子”，站在凛凛的寒风中，向人们展示、推销着自己作品。“亮子”上直晃人眼的五彩缤纷的“剪纸”，在冬天寒冷的阳光下，依旧那么灿烂，在皑皑白雪的映衬下，五颜六色、花红叶绿、争奇斗艳。这种民俗与乡土艺术之风浓郁的剪纸展示，成为蔚县大地上独有的一道迷人的风景。

在剪纸艺术节和过年的时候还可以看到很多“亮子”，不过已经不是用于卖剪纸了。大小不一、各种各样的“亮子”上，贴着剪纸作品，有的一字排开，有的摆成屏风状，展示给参观的人们看。

妙手生花，艺术的构图与造型

大俗即大雅，剪纸陪伴人们美好的俗世生活，却可以让人们产生一种超凡脱俗的感觉。今后的剪纸作品，相对于剪纸的最初形态，必然会发生种种更美更多样的变化。现场肖像剪纸是一种很受欢迎的形式，随着蔚县游人的增多，这种服务会有很好的市场。剪纸作品这种传承中的变异现象，也不断地调节着民间剪纸与其流传的时代、民族、地区、习俗之间的差异。人们把蔚县的剪纸作品俗称为“蔚县剪纸”，更能体现出独有的剪纸作品的地域源发性和艺术

蔚县剪纸淋漓尽致地反映了当地的民间习俗。剪纸作品《迎喜神》（李宝峰作）。

原生态特点。

蔚县剪纸由起初单一的红色、单色到染色，又逐渐向外面寻求创作经验，大胆引进吸收了杨柳青年画、武强木版水印剪纸、唐山皮影人物刻制等民间纸刻和皮刻艺术的创作手法，再逐渐形成以阴刻为主、施重彩点染的艺术风格。民间剪纸的整个创作过程，是通过夸张的手法经过现实生活的“真”，向艺术的“美”演化、深化的过程，是创作者的思想感情、审美心理和对艺术美的追求过程。蔚县剪纸抒发的是温暖、美好和精致，与环境总是那么的协调。

民间剪纸艺人拥有丰富的内涵，有自己的真性情和真兴趣。他们通过长期对生活的观察和领悟，再经过长期的剪纸实践，积累了丰富的创作经验。民间剪纸艺人深谙剪纸的规律，将不规则的线条自由组合，构成美妙的动感和节奏感，增添了情趣，丰富了形象的感染力。今天在河北与内蒙古中东部、辽西一带普遍流行的民间剪纸，追究其源头，都可以找到早期蔚县剪纸的影子。蔚县剪纸艺术的发展脉络十分清晰，其重要的转折点是由单色向重彩的转变。这个转变标志着蔚县剪纸在艺术上走向了成熟。

蔚县剪纸对于色彩的大胆运用，既表现了剪纸主题的

突出的色彩表现力让蔚县剪纸作品充满层次感。剪纸作品《古风清韵》（任志国作）。

活力与个性，又可以使每一个部分都充满层次感。这种大胆甚至有些夸张的运用，拓宽了剪纸的创作形式，题材更加宽泛，使其艺术性与装饰性得以加强。

传统文化中一切优秀的东西，同样可以走进现代化的生活载体里，蔚县剪纸的题材也在不断延伸，今天人们生活中出现的新生事物，给人以生活激情和享乐的新文化载体、新生文艺形式，都可以进入剪纸的创意里。

蔚县人在古老的剪纸艺术中融入了现代新生活的元素，剪纸同样可以贴在楼房的玻璃窗上，装点、美化城市人的新生活。剪纸艺人们从日常观察入手，从深厚的民族文化中吸取营养，使和谐的剪纸色彩孕育在乡土文化中。

剪纸构图不同于其他绘画艺术，要表现出三维空间、场景和形象的层层重叠比较困难。蔚县剪纸在对于物象之间的比例和透视关系的处理上有较为鲜明的突破，较多地使用了物象组合的手法，加强了造型上的夸张与变形。同时，充分利用图案形式美的一些规律，对剪纸表现的物象，进行对称、均齐、平衡、组合、连续等处理，达到图案美学的形式和内容的统一。

在一张剪纸图案上，可以把太阳、月亮、星星、飞鸟、彩云，同地面上的建筑物、人群、动物，同时结构在一起呈现出来，令人称奇。常见的有“层层垒高”或并用“隔物换景”的手法。这种表现手法做到了既形象夸张，又简洁优美，整幅作品不管尺寸大小，都极其富有节奏感，富有韵律感。

蔚县剪纸在表现内容上，继承传统，贴近生活，反映现实。剪纸图案中既有神话传说、历史故事、民间传奇，也有花鸟鱼虫、飞禽走兽等。不仅造型严谨，民间风味十足，而且淳朴、粗犷、简练、明朗、活泼。艺人在创作中，带着浓郁的泥土气息和强烈的感情色彩，带着古朴的民俗、民风。他们一方面传承、接受、感染着民间文化，另一方面对火热朴实的农家生活，进行仔细入微的观察和理解，凝聚着普通劳动者的智慧，做到了心到手到，大胆想象，用剪纸来表达自己对现实生活的热爱和对美好事物的向往。

蔚县剪纸的题材选取非常广泛，自然界的万千物象，社会生活中的各种吉祥如意的象征物，都可以成为剪纸的表现题材，如百鸟百兽、花草树木、山水园林等应有尽有。团团

贴近并提炼生活，这正是蔚县剪纸的生命力所在。剪纸作品《吃腊八粥》（李宝峰作）。

红花绿柳，漫天飘散的白云，都是艺人对幸福生活的渴望与追求。例如五谷丰登、六畜兴旺、稻谷飘香、花好月圆、百鸟朝凤、鸟飞鱼跃等。追求物质生活的富裕是人们的正常愿望。剪纸这种民间艺术，使得不一定能获得物质富裕的人们，在精神上先获得了足够的慰藉。心灵平和与安宁，让人们感受到生活的种种吉祥与美好。

反映寓意自然美的题材有翎毛花卉、草虫鱼兽以及瓜果梨桃等一些吉祥图案，色彩表现得异常艳丽。例如“龙凤呈祥”、“虎奔图”、“牛马奔图”、“鲤鱼跃龙门”、“孔雀开屏”、“四时瓜果”，以及“福禄寿全”。那些带有吉祥谐音的剪纸更为有趣，如有一张图案是一朵大菊花和小麻雀的构图，其蕴意是“居家欢乐”，形象贴切，引人入胜。美丽的剪纸窗花，

蔚县剪纸的选题范围非常广泛，自然界的万千物象和社会生活中的各种内容，都可以收入其中。剪纸作品《舞狮子》（李宝峰作）。

反映对生活美好憧憬的剪纸作品《龙凤呈祥》（任志国作）。

伴着大自然的花开花谢，演绎出了永恒的美丽。

在人们对传统美好生活的想象里，赋予许多动植物美好的含义，如老虎表示虎虎有生气；鸳鸯表示爱情坚贞不渝；牡丹花代表荣华富贵；松柏代表品质高洁、长命百岁；竹、菊、梅、兰四种花卉本就有“四君子”之称，代表着高风亮节、品质高雅和清秀纯洁。

传统的蔚县剪纸，主要以花卉和戏曲人物两大类为主，一般都是以成套的规模来剪刻。表现传统戏曲人物的剪纸，按角色系列创作，造型生动活泼、形象逼真、性格各异的人物剪纸，囊括了不同时代的一两百出戏剧里众多不同的人物。

人们耳熟能详的戏剧人物，在剪纸艺人的刻刀下栩栩如生，给人以无限的愉悦。清朝时戏曲娱乐几乎是农村唯一的娱乐，因此创作者对其无比熟悉，剪刻起来更是得心应手。

女红传袭，剪纸生长的沃土

蔚县的女人更是剪纸的能手，过去的农村妇女，虽然不识字，可并非没有文化。并不是只有识字人有文化，农民也有自己的文化。鲁迅在《且介亭杂文·门外文谈》中有一篇文章叫《不识字的作家》，他说“在不识字的文盲群里，原来是有作家的。”套用鲁迅的话，过去那些不识字的剪纸艺人，都是不识字的美术家。

蔚县剪纸艺术家魏海红。

蔚县女人剪纸做得好，与她们爱女红的天性有关。旧社会女人是大门不出，二门不迈，只在家做些针线方面的工作。纺织、编织、织补、刺绣、拼布、贴布绣、剪花等女人手工技艺，被称为“女红”。在中国古代，女子要符合传统文化的要求，一个重要的方面就是下苦功学女红。

在女红中，剪纸和织绣品是考核女人是否心灵手巧的专业项目。这种风气在民间是普遍长期存在的，农家女孩和小媳妇们多以剪纸之类手工艺术创作，来展示自己的心灵手巧。很早的时候，在她们的闺房里，就开始出现了富有创意的传统图案"云勾"似的"红角花"。后来，在她们灵巧的双手上，那些内容与形式都很单调的红三角、双喜字的周围，开始出现有梅花、牡丹、百合、桃子、鸳鸯等来源于生活、内容活泼真实丰富的图案。

有人说，剪纸是妇女们创造的文化。过去在蔚县的农村流行有"找媳妇，要手巧的"习俗，流传着"一看窗子二看帘"的说法。看窗子是看女人剪的剪纸，看帘子是看女人绣花的本事。人们普遍认为，能剪一手好剪纸的女子，肯定聪明贤惠，以后生下的娃娃自然也会聪明。现在去蔚县及周边地区的农村，或扩大一下范围在张家口地区，还可以看到精美的"红角花"，还有比较简单的"红纸尖"。从那些精美实心的"红纸尖"到镂空的"红角花"，以及不断变化着的用红纸剪的"双喜字"，多种多样的图案内容，有着各式各样的发展变化。

不是每个用纸剪刻的劳动妇女，都能获得艺术上的成就。一村一堡，一山一沟，也许会出那么一个或几个被乡民公认的巧人，时间流转，她们心灵手巧的作品自然会四处流传。剪纸的传播方式，一种是烟熏替样的方法，一种是靠记忆模拟的方法。

蔚县剪纸艺术家周淑英。

流传中，也常常是陈家的媳妇用赵家媳妇的花样，刘家的女儿又把花样传到姓张的婆家，农家女子人人都有追求美的梦想，都有权力按照自己的理想和审美爱好对原稿随意改动。

信手拈来，民间的传承与发展

蔚县剪纸创作无关荣辱，无关得失，所以一直都可以很安静。蔚县剪纸既不涉及为什么活着的信仰，也不考虑想方设法保住现有的生存状态。最初蔚县剪纸的存在价值很简单，就是怎样用简单的方式，使生活呈现出更美好的状态。

每逢秋后农闲，蔚县人便开始以家庭为单位，三五成群地围坐在一起，创作自己心爱的剪纸，抒发秋收之后的美好感悟。从村头树下到炕头屋角，都可能是男女老少的创作场所。这样的作品题材，无疑有着深厚浓郁的乡土文化和民俗内涵。

“形象”是所有艺术设计的基本语言。在形象的构成中，浑身散发泥土味的民间艺术家们，把剪纸大致分为具象形、意象形和抽象形。在平面构成中，形象不可能都是孤立存在的。细心研究蔚县剪纸的装饰题材和样式后，会发现蔚县剪纸作品一般都是依据一定的格局，来构成一个完整画面，有着原生态乡土艺术家的品质。

在蔚县流行较广的作品，如十二生肖剪纸，吉祥物剪纸等，大多都是沿袭传统的题材。而和生活内容贴得很近的一些成系列的剪纸，更是充分体现了民间艺人对生活的感悟，对多种民间流传艺术内涵的主动接受与传承。这些创作受多元乡土文化的熏陶，产生出精湛的独特创造性。最能代表剪纸艺术形象的作品要数“红纸尖”。有人说，产生在民间的艺术才是民族文化的活化石，这句话非常有道理。

由于不同地域文化背景的差异，民间剪纸艺术在某些体裁样式方面形成了相对的稳定，有了浓郁的地域特色和地方风格。今天的民间剪纸中，仍保留着各个年代不同地域文化的不同层次。欣赏剪纸，从中能够领略出不同地域、不同民族艺术初始期的神秘，以及上升期的雄浑和成熟期的完美艺

剪纸艺人凭着丰富的想象力和精湛技艺，让每一件作品都十分生动。剪纸作品《挂红灯》（李宝峰作）。

术神韵。任何艺术形式都在发展的过程中变化，通过变化的对比，可以在艺术造型中，感受到不同韵味的艺术。

在蔚县剪纸一条街和蔚县剪纸博物馆，可以欣赏到全国各地的剪纸。一般来说，北方的剪纸粗犷、淳朴，南方的剪纸则纤细、灵动。蔚县剪纸不同程度地具有南北特点，这是从其他剪纸创作中，吸收不同艺术表现形式的结果。

蔚县剪纸艺人，除了向其他地方的剪纸学习外，还善于向其他美术作品借鉴，吸取艺术营养，用更多的表现形式来丰富自己的剪纸创作，如这些年兴起的国画形式的剪纸有中堂、条幅、横批、通案、扇面等。还有一些专业美术家参与创作的剪纸作品，更是具有版画的效果，具有很高的艺术价值。

我曾向国家级非物质文化传承人、蔚县剪纸大师高佃亮请教过，蔚县剪纸的这种转换，用剪纸的形式表现国画，用剪纸的形式表现油画，当剪纸的艺术特征被颠覆了之后，剪纸的艺术生命力又在哪里？其实，这种顾虑可能有点多余，高佃亮说得对，不同门类艺术的互相融合，会使蔚县剪纸在原来的基础上，有所提高，有所发展。

多看看蔚县剪纸的新作品，就会发现这些比较高档的作品，有的类似年画，有的类似版画或国画，却又不失剪纸的趣味，使人感到熟悉而又新颖。民间剪纸艺术的创新，就是要应用新技术、新工艺，开发新的作品。在传统年画的风俗日渐衰落之际，蔚县剪纸艺人大胆借鉴，将百姓喜闻乐见的一些年画图样刻成剪纸，如门神、花鸟、十二生肖年谱等，不但在农村，在城市也很受欢迎。下一步的创新，就是要逐步转变剪纸传统的经营管理模式。

传统年画往往不被一些新家庭接受，刻成精美的剪纸后，不仅能被青年人接受，而且深受喜爱。蔚县民间绣花的“花样子”都是来自于剪纸图案，这些花样子有门帘、窗帘、墙布（墙围子）、枕套等。还有的用于服饰，如儿童戴的花兜兜，俗语称“供花”。也有人在祝寿的寿面、寿桃上用福寿等剪纸覆盖，俗称“饭花”等。

艺人们通过剪刻不同的图案式样，对日常生活的内容进行适合自己的美化。剪纸设计或为取形、取意、取色，或为三者的巧妙组合，表现出美妙的节奏韵律。民间艺人在实践中，总结出了既变化又统一，且非常对称均衡的剪纸艺术。

剪纸作品《戏剧脸谱》（沈建民摄）。

这些方面都充分体现了民间艺人的智慧和丰富的想象力。民间艺人虽然并没有接受过专业化训练，但他们自然随和的创意风格、疏密有致的造型设计、全神贯注的投入、细致入微的精湛刀工、形象吻合又绚丽鲜艳的独特点染，让每一件作品都十分生动。

现在的蔚县剪纸艺人在创作时，大多都是以阴刻为主。

当下蔚县剪纸作品的艺术优点是花面多线条少，他们一心一意追求面与面的交接、搭配。蔚县剪纸在自然而然之中，达到了一种完美。作品的大小、线条的长短、布局的疏密、宽窄的对比，以及色彩的深浅、冷暖的变化，都需要有统一协调的安排。蔚县剪纸成功地处理了作品中点、线、面之间的呼应和对比等关系。

剪纸作品《戏剧脸谱》（沈建民摄）。

独树一帜，工艺的龙凤呈现

“阴刻”和“色彩点染”是蔚县剪纸龙凤呈祥的两大主体，故有蔚县剪纸“三分工，七分染”之说。这样创作出来的作品，色彩艳丽，却一点也不显得凌乱，令人叫绝称奇。

蔚县人发明的“阴刻”剪纸，在国内外享有盛誉，是很了不起的创新。味道与神韵独具的阴刻剪纸，其制作工艺在全国众多剪纸中，也是独树一帜。这种剪纸不是“剪”，而是“刻”出来的。是以薄薄的纸为原料，不用剪刀，而是拿小巧锐利的雕刀刻制，再点染明快绚丽的色彩而成。基本制

剪纸刻制。

剪纸刻制。

（右页图）剪纸艺术家周广在创作过程中。

作工艺：设计造型—薰样—雕刻—染色。每一道工序都非常独特，非常讲究。

蔚县剪纸独树一帜的是以阴刻为主、阳刻为辅的点色技艺，有关学者经过长期观察研究，将其工艺过程做了详细、认真、全面的总结，基本可以分为以下六道工序。

第一道工序是描绘草样图。剪纸画样的艺人根据自己的思路或客户的要求，把图案画下来，通称为画草样图。

第二道工序是订纸。将画好的样子订在纸上（一般每次都是以五十张纸为宜），订好后按着样子的大小分成小块。

第三道工序是浸纸。把订好的纸放进水里，等浸透后再拿出，把内含水分挤净，放在阳光下晒干。

第四道工序是刻纸。将浸好晒干的纸放在案板上，依照图案进行刻制。

第五道工序是染纸。用毛笔等工具，给刻好的剪纸着色。

第六道工序是包装。把做好的剪纸产品，用纸袋、塑料袋包装，或装镜框、宣裱。

蔚县剪纸独有的艺术特征是它的色彩装饰。从全国各地民间剪纸分布情况来看，流行在北方各省的剪纸，风格大同小异。大多都是使用传统技法，用彩色纸剪成剪纸，然后直接贴挂。只有蔚县剪纸，是用白纸剪刻好之后，再依图着色然后贴挂。

蔚县剪纸是我国唯一先刻制，再点染颜色的民间剪纸艺术形式。阴刻为主，重彩点染，是蔚县剪纸自己独有的最大

剪纸艺术家周广
在创作过程中。

特色。所染剪纸色彩浓艳，在点色时大胆使用特技，并且技法繁多。

蔚县剪纸艺人在用传统技法点染色彩时，有一种特殊的技法观念，即讲究色彩中的“蔚三色”的协调性。“蔚三色”是红、绿、黄，以这三种颜色为主的点染，使作品的层次感、厚重感和形象感都特别强烈。

蔚县艺人在创作剪纸时对色彩的运用上，对比感很强烈，体现出淳朴敦厚、朴实无华的乡土内蕴，也体现出创作者本人在乡村生活中对自然界物象色彩的感悟。在他们的作品中，虽然色彩对比强烈，但是又不忘追求画面内容的统一，和谐完整。在用色的时候，追求真实自然，同时还展现出了物象形体的立感和动感，做到形象传神。

灵性涌动，拓宽艺术表现手法

走进蔚县剪纸艺人的创作间，发现他们都非常讲究剪纸艺术气氛的营造。剪纸艺人在这独特的艺术氛围中，用刻刀

剪纸艺人在创作时，陶醉其中。这既是劳作，也是享受。

（右页图）蔚县剪纸对色彩的运用，有着独到的理念，在追求美感的同时又力求自然贴切（任玉德作）。

和色彩表达着自己的情感。作为旁观者，也在这样的艺术氛围中，欣赏蔚县剪纸特有的灵性与生命蕴意。

不同的剪纸作品，有着不一样的色彩、不一样的视觉效果。即便是内容看似相同的作品，经不一样的图案搭配，也会得到不一样的感觉。蔚县剪纸的色彩，是在乡土文化长期的积淀中孕育发展起来的。

蔚县民间艺人总是把自己喜欢的颜色，在剪纸的创作过程中表现出来。他们不断拓宽表现手法，让色彩与图形更有鲜明的亮色，给人一种既喧嚣又宁静的感觉。将精心刻制的剪纸作品贴在纸窗上，透过迎面照射过来的阳光，剪纸神采毕现、艳丽夺目。精巧美丽的剪纸表现出一种特有的艺术效果。五颜六色的自然点染，为蔚县剪纸赋予了强大的生命力，也为剪纸这种特殊的由普通劳动者创造的艺术形式拓宽了丰富的表现方法与艺术魅力。

中国古代在不同实物上使用重彩，是一种很普遍的艺术运用。例如，一些民族用五颜六色的羽毛做装饰的旌旗，历史上各朝代用各种颜色区分官职的朝服，皇宫、庙宇、廊阁、楼亭等古建筑的彩绘。在美术艺术方面，有国画工笔的重彩和民间的刺绣，还有人们在举办婚嫁及重大节日时要更换的服装，一些民族居住的房间、毡房、蒙古包上色彩鲜明的装饰等，都体现出一种浓郁鲜明、对比强烈的色彩。

一九七三年作

蔚县在古代一直是农耕和游牧的交界地带，长期与活动在长城外的少数民族接触。少数民族的绘画、服饰、建筑和装饰等都喜欢使用鲜艳的、对比强烈的色彩。这种重彩的使用风俗对蔚县剪纸艺人在剪纸上施点色彩方面产生了很大的影响。蔚县剪纸在强烈的色彩对比中，追求一种独特的审美观。

蔚县剪纸艺人在点染剪纸时，对重彩的使用是有层次、有搭配的。他们求真、求美，在美感上力求做到自然贴切，和谐有序。其作品既有立体感，大方典雅，又对比强烈，完全符合艺术表现的基本要求。这种染色方法有平染、铺染、洗染、调染、雾染、铺盖等，其中“六色雾染法”堪称绝技。在给剪纸染彩时用六支笔一起上色，艺人要在短短的十几秒钟内上好色，还要使色块过渡和谐自然，追求一种水色交融的效果。其中雾染的技法是由铺染演变而来的。单幅传统蔚县剪纸在点染时所用重彩颜色基本是在六色之内。常见有红、黄、绿、蓝、紫、粉等。

蔚县剪纸是中华民族的一个民俗文化元素，中华民族传统文化的一个象征符号，一个很重要的载体。它看上去是那样的活泼，从形式到内容都很通俗，但却承载着中华民族的文化血脉和思想精华。蔚县民间剪纸，特别具有地域民间艺术代表性，已经成为中华民族传统文化的优秀代表。

在中华民俗观念中，剪纸代表了我们对民族崇高、吉祥、喜庆、美好的生活向往，并逐步形成了一种象征，象征幸福美好的生活，象征古朴民居之美，表现了农家欢乐、热闹、幸福和吉祥的生活气息。剪纸艺术表达出了和谐家庭的向心力和凝聚力，为增强生活信心、陶冶美好心灵，起到了很好的作用。

蔚州

被岁月掩埋的往事

THE DUST-LADEN PAST

第四章

蔚县秧歌——劳动者的歌剧

民间秧歌，每个中国人都不陌生。无论你的足迹留在任何地方，在西部浑浑厚厚的大地上，高高的黄土坡，黄河两岸，还是在河西走廊，昔日的云中草地；去东北的辽河流域、松花江流域，行走在油油黑黑冒着热气的黑土地上；或者是前往燕赵大地，在华北平原，在太行山两侧……你只要去这些地方，都会听到那热烈的唢呐吹奏乐，看到伴随着乐曲扭着大秧歌的人们。

秧歌高亢的唢呐腔调，充满了浓郁的乡土情趣。秧歌

对于生长在这片土地上的人们，扭秧歌和看秧歌，都是非常享受的事情。

元宵节社火表演。

民间乐调的旋律，富有民间生活的韵味。秧歌戏是由劳动者自扮自演的角色，那扮相，那唱腔，增添了许多传统文化的魅力和乡土的亲和力。在新春过节、元宵夜晚闹灯会上看秧歌，是每个祖祖辈辈生于斯、长于斯的农家人很享受的事情。

蔚县秧歌是一个历史悠久的蔚州地方戏，俗称“秧歌”，当地人称这种秧歌为“老戏”。它是由当地民歌发展起来的一个地方小戏种，它曾长期流行于河北省蔚县及周边一带，相传已有几百年的历史了。蔚县秧歌是全国360个在文化部注册的地方剧种之一，并作为扩展项目被列入国家级非物质文化遗产名录。

在北方乡村流传了上千年的秧歌，今天已经成为城市底层劳动人民集锻炼与自娱于一身的活动形式。特别是在东北和河北北部的一些城市，每至夜晚，在宽敞的地方，锣鼓铿锵一响，老年人便凑到一块儿。有些地方每逢周末，都会有

蔚县秧歌的表演者和观众，都满面笑容，兴高采烈。

几支不同的秧歌队，穿上彩衣，画上彩妆，进行表演比赛。

秧歌是笑的艺术，来到蔚县看秧歌，表演者和观看者都是满面笑容。特别是各种丑角的夸张动作，会引起围观人们一阵阵地哈哈大笑。每个人一生中，都会遇到这样和那样的挫折或不开心，看一会儿秧歌表演就会将所有的烦恼抛到脑后。

植根于群众之中的“耍红火”

蔚县秧歌是在民俗文化基础上发展起来的地方小戏。民俗文化是一种草根文化，人与这种草根文化有着与生俱来的联系。所有的人，都在民俗的草根文化中孕育、诞生，并在民俗文化的陪伴中长大成人。即便是生活在现代化大城市里的人们，也无时不受到或轻或重的民俗文化的影响。

蔚县秧歌深深植根于人民群众之中，它和蔚县剪纸一样，是来自于民间，服务于民间，发展在民间的艺术。蔚县秧歌实际上包括两部分内容，一是民间社火在大街小巷表演的秧歌，俗称“耍红火”。一是发展成为舞台艺术的蔚县秧歌剧，也常被简称为蔚县秧歌。随着时光的流逝，过大年的热闹痕迹在秧歌剧中逐渐地消失了，取而代之是那种故事情节越来越丰富的演出。秧歌剧是在秧歌的基础上发展起来的一个地方剧种。蔚县秧歌剧产生于明朝，大约是从清朝咸丰、同治年间，开始逐渐形成自己别具一格的板眼和唱腔程式。

民间在街上表演的秧歌，并没有因为秧歌表演的舞台化

元宵节社火表演。

剪纸作品中的蔚县秧歌表演“牛斗虎”（李宝峰作）。

而受到影响。大街上的秧歌表演作为一种驱逐瘟疫和邪祟的民间舞蹈，有鲜明的图腾和仪式色彩。每逢年节，人们聚集在庙宇等开阔的地方，开怀地舞，尽兴地唱，祝愿来年风调雨顺、五谷丰登。这样的民风、民俗，在蔚县一直保存到今天。蔚县一般是正月十四到正月十六，这三天秧歌跳得最热闹。面朝黄土背朝天辛劳了一年的农民，用这样的方式宣泄一下，自娱自乐一下，为生活增添了美好。过去，人们只有这三天玩的时间，过了正月十六，大家就都要开始干活了，要收拾好农具，准备好肥料，只等天气暖了就下田翻地。

蔚县民间社火在街上表演的秧歌，主要有牛斗虎、背阁、晃、耍狮子、地秧歌、蹬拐子、推车舞、大头人、斗活龙等。这些按照音乐节奏表演的舞蹈，有两三个人动作简单的，也有热烈火红的大型集体舞。大场面的秧歌舞，常常可以走出各种复杂的队形。

牛斗虎：由七个人表演，其中两个人扮牛，四个人扮虎。大虎由两人扮一条，两条小虎则由一个人扮演一条。大虎、小虎和牛，都是人在道具中装扮。有个领演的人，蔚县人称其为“斗气的人”。这个节目最有意思的地方是，牛斗虎最后以老虎的失败而告终。

跑驴：表演者挎着用竹条、麻纸、铁丝、白麻扎制而成的驴挎子，驴身围着布围，遮住表演者的双腿。再在驴身的两侧安上一条穿着彩裤绣鞋的假腿。表演者扮作小媳妇骑在驴背，另一人扮赶驴的小女婿。两个人表演着骑驴上下坡、过河、卧驴、跑走、惊驴、拦驴等各种动作。

蔚县秧歌表演“跑驴”。

腰鼓：参加表演的人，一般分为红、黄、白三队。鼓声震天，表演的人情绪激昂，很有气势。腰鼓表演的指挥，一般都是一个英姿飒爽的青年女子。

背阁：这是蔚县秧歌最传统的节目之一，由大人与小孩子一起表演。大人将扎好的背架捆在背上，托举着一个两三岁的男孩，孩子被绑在一个支架的脚踏板和腰卡处，由大人扛着表演各式各样的动作。小孩长长的衣服，让观看者感觉

社火表演“老王八戏老妈子”。

是站在大人的肩上，表演起来妙趣横生。一个大人一个小孩为一架背阁，一般表演是平年12架，闰年13架。

晃：这也是蔚县秧歌的传统节目。晃是根据杠杆原理制作而成的，由十几个人推动车轮，同时将晃杆不断压放起伏，左右摆动，杆稍座板上坐着一个小男孩，装扮成县太爷的样子，手里摇晃着小扇子，俗称坐晃。有时候天太冷，坐在上面的孩子没情绪，手上的扇子有一搭没一搭地动着，也很好玩。有的时候小孩还会被摇晃着睡着了，人们看着睡着了的孩子都会开心地笑起来。现在人们将晃杆支点固定在汽车或拖拉机上，既提高了升降高度和摆度，又减轻了劳动强度。

踩高跷：蔚县人俗称为“蹬拐子”，主要流行于平川地区和少数半山区。过去参加蹬高跷的只有男性，现在有不少女青年也参加演出。在表演高跷时，往往还演唱一些群众自编的民歌，俗称高跷调。

地秧歌：亦称“地蹦子”，是看蔚县民间社火时笑声最多的一种表演。主要流行的表演有“担挑姑娘”、“提灯人”、“老王八戏老妈子”等。其中群众性较强的是“老妈子”和“老王八”两个丑角的表演，两人相互追逐，滑稽万状。过去表演到最热闹的时候，“老妈子”和“老王八”还有一番扑打。最后“老王八”将“老妈子”按倒在地，“老王八”的得意表情和“老妈子”痛苦的样子，引起人们哈哈大笑。

剪纸作品中的蔚县秧歌表演“推车舞”（李宝峰作）。

推车舞：顾名思义，就是推着车跳舞。推车由简易手推车装饰成轿的形式，一架推车舞由 4 ～ 5 人表演，分别扮作跨车女子、车夫、帮手、拉绳玩童等，表演套路有起车、晃车、倒车、陷车、单手推车、双手推车等。

打架人：亦称“摔跤人”，这也是一个很受欢迎的表演。由一人背上特制的道具，扮作两个正在摔跤的人来表演。由一个人惟妙惟肖地表演两个人，我拉你推、你踢我跸的各种摔跤动作，十分活泼可爱。

斗活龙：这个节目表演的人比较多，龙长由十几米到二十几米不等。玩的方式有“二龙出水”、“二龙戏珠”。随着一阵“咚咚锵锵”的锣鼓声响起，20 名民间艺人舞起了两条几十米长的飞龙，相互追逐，真是活灵活现。

灯官大老爷：在蔚县民间社火活动中，过去还有一种特殊的表演形式——抬灯官。灯官是民间社火活动中的最高权威者，负责组织筹划社火活动的大小事宜，一般都是由当地名望较高的人来扮演。灯官的扮相类似于戏剧中县令的形象，

剪纸作品中的蔚县秧歌表演"抬灯官"（李宝峰作）。

坐骑高头大红马，行于社火队之首。灯官后面紧跟一班灯吏，身着衙役服，手持"肃静"、"回避"堂牌和杖棒。灯官前面有 12 名古装美女手持彩绸，扭着秧歌，伴奏乐队在前面开道，烘托"大老爷"的威风。

愉悦精神的蔚县秧歌戏

蔚县秧歌在北方数省传统戏剧中，是土生土长的一个地方剧种，一朵乡土魅力十足的民间艺术之花。在当地民歌的基础上，在"坐场"和"做场"的娱乐过程中，衍生形成了蔚县秧歌剧的地方小戏曲种类。走进蔚县，你会在好多地方，发现这里处处有"戏窝"，好多的秧歌剧名角"藏"在民间。

柏树乡永宁寨村，是蔚县当年最有名气的"戏窝子"。戏窝子又称窝子班或者世袭班，是持续办的农村戏班。窝子班是蔚县秧歌逐渐脱离社火形式后出现的班社组织形式，比

下平油戏楼屏风画（一）。

下平油戏楼屏风画（二）。

社火班艺人多，规模大，舞台演出装备完善。到清末的时候，较大的村差不多是一村一班。一些较小村庄，物质条件也较差，即便成立了班社也是人齐马不齐，很难演出稍微大一点的剧目。在这种情况下，就有了两个村庄或几个村庄，合并成立一个较大班社的形式。一般是以一村为主，多村参加配合的方式，组成大班社，这种班社称为抱股班。最早的抱股班产生于清朝光绪末年，流行于民国年间。永宁寨村最鼎盛的时候，一个村里就有很多戏班。其中有一个戏班，从清朝咸丰年间开始组建，一直到新中国成立前还在活动，细算起来前后传承了 26 代班主，活动的总时间长达百年。

唱秧歌的目的也很简单，农闲时期人们为了打发日子，

这样的戏台，蔚县城乡有很多。

唱起欢快的秧歌，可起到愉悦精神、怡养心性的作用。村里的老百姓在农闲时节，随意聚集在豆腐坊或者打谷场，拿随手可取的器物（多为炊具）击出节奏，即兴说唱，且无任何规则，是随时随地都可表演的一种娱乐形式。村里的老人们代代相传，说“坐场”也叫“打坐场”，是说秧歌剧开演的形式。“做场”就是众人坐一圈，其中的一两人或两三人居中演唱，并有乐器伴奏的一种既有情节、又有相应表演的比较有规则的演唱形式。

“坐场”和“做场”结合，渐渐就形成了集民歌、唱曲、曲牌、表演、音乐伴奏于一体的地方性艺术形式——蔚县秧歌。后来“秧歌做场”逐渐被改称为“秧歌社火”，所上演的剧目被通称为“社戏”。慢慢又形成了有组织的民间戏曲表演团体，演出形式也搬上了舞台。蔚县农村普遍搭建起永久性戏楼，这种由“社戏”发展成的民间小戏，就在这些戏楼落草生根了。蔚县秧歌就这样发展成为历史悠久、内容丰富多彩的民间戏剧艺术。

扮演剧中人物的角色、行当是否齐全，是衡量一个剧种成熟程度的重要标志。蔚县秧歌的生、旦、净、丑，不但行当齐全，并且划分得相当细致。生分老生、小生、武生，旦分老旦、花旦、刀马旦，丑有花旦丑、花脸丑等。各个行当又都有自己的一套基本身段和严格的表演规范。蔚县秧歌剧所反映的内容，最多的是流传广远的民间故事或历史传说，从表演内容到形式都十分贴近老百姓的生活，深受广大群众的喜爱。早期蔚县秧歌剧目约有30多个，如《武大郎卖烧饼》、《送枕头》、《报喜》，以及《拉老汉》等。

从1966年到1976年的10年，中国地方剧种传统剧目遭到毁灭性打击。这时期除了京剧样板戏之外，任何的传统剧目都不允许演出。秧歌剧和其他传统戏剧一样，沦落到了岌岌可危的境地。而蔚县人对秧歌等民间文化的这份坚守，则是对生命、对自然、对祖先的一种精神守望。

充满泥土芳香的生活气息

蔚县秧歌和国内其他地方小戏种一样，是劳动者在劳动之余，为了打发农闲日子的自娱自乐。这种娱乐起到消遣精神、活跃乡村文化生活的作用。劳动者用休闲的艺术来追忆、体会劳动的收获和快乐。民间秧歌是一种包含多种艺术形式与原生文化要素的民间艺术形式，是带有泥土芳香和自然气息的大众艺术，其全部艺术要素与内容，包含了民间通俗文化的综合因素。秧歌是劳动者心灵的绽放，是吐露着劳动芳香的花朵。

蔚县秧歌的前身是民间秧歌，是以秧歌为基础发展起来的地方剧种。秧歌是民间舞蹈、民间音乐、民间说唱综合起来的表演形式。蔚县秧歌剧是融合多种文艺要素的艺术形式，不可能仅仅只源于秧歌。它应该是多种民间艺术的综合载体，

蔚县秧歌剧照。

把许多民间艺术融合在一起。作为戏曲艺术的秧歌剧一定是多源合流、多种艺术形式共同影响的结果。

中国北方黄土高原、黄河流域秧歌剧的兴盛，大约是在明朝中叶后期。与朝廷十分重视北方的防务，加大开发和移民力度有着直接的关系。长城地区采取军垦戍边、屯田农耕的政策，大量来自南方的移民涌入。北方地区人口总量迅速增长，这种人员的大规模流动迁徙，使一些民间舞蹈得以交流，传播范围扩大。

从南方迁徙到北方戍边的兵员和家属，带来了南方的采茶舞、花灯秧歌、拉花秧歌等进入黄河以北以及河西地区，逐渐演变成为民间社火中的主流秧歌舞蹈。而北方当地原有的陕北鼓舞、高跷舞、腰鼓舞、羯鼓舞等也受其影响，慢慢融合到一起，这对秧歌剧的形成产生了很大作用。

蔚县所在的冀北地区和黄土高原一样，都属于高原山地，山大沟深，丘陵交错，梁峁纵横，人们在日常生活和劳动中不是下沟翻峁，便是过梁登塬，脚下步伐便不同于平地上的行走。秧歌中的“跨摆舞”、“蹬跨步”，还有高跷式，都与人们平常的步履相协调，只是做了较大的夸张。蔚县秧歌因受外来文化的冲击较小，因此至今保持着较原始的风貌。

在蔚县秧歌中，不论是“鼓”还是“灯”，不论是“鞭”还是“扇”，都表现出当地民风的朴实浑厚和粗犷豪放。那种充满着男子汉劲头的舞步，连观看的人都感到浑身是劲。秧歌舞步的律动美，是民众传统审美观和自然风物美的融会贯通。

由于地区的气候条件以及生产、生活方式的差异，北方民

蔚县秧歌剧照。

蔚县秧歌充分表现了当地人的生活习俗和美好情感。

间秧歌舞蹈在统一的发展中，出现了各地不同的个性。蔚县秧歌在北方民间秧歌基础上，慢慢与周边地区流行的地方戏曲相融合，形成了其独有的地方特色，它渐渐成长，成熟起来。

蔚县秧歌的民间基础，现在也有了很大的变化。在柏树乡永宁寨村，曾经和几位在大树底下乘凉的老汉聊过天，请他们唱过几段秧歌剧，每个人都能唱上一段。

问这些老人，现在的年轻人喜欢学唱秧歌的多吗？老人们的回答很干脆：“现在没人学了，没人愿意学。”老人们也很接受这种状态，神情和语调没有一丝的落寞。

风雨两百年两度辉煌

蔚县秧歌剧自清朝初期康乾盛世，搬上舞台表演至今的

200多年里，通过自身的巩固、完善和提高，最后达到兴盛时期，主要出现过两次辉煌。第一次是在清朝同治、光绪年间，第二次是在新中国成立之后。

清朝同治、光绪年间，是蔚县秧歌最兴盛的时候，蔚县有“800村堡、800戏楼”之说。每个村堡、每个戏楼到处都唱秧歌剧。全县能登台唱秧歌剧的人有5000～7000人，而且每家每户至少有一人会哼唱蔚县秧歌剧的曲调和名段。据老人们讲，逢年过节时，你在蔚县的任何一个村的街巷中走过，从第一户人家传出秧歌剧的唱腔，走到最后一家时都不会断弦。

最初，蔚县秧歌班社有300个左右。随着时间的沉淀，

蔚县秧歌剧照。

发展形成了多种流派，自成一脉。根据演唱特点、风格及活动区域，主要流派分为东路派、西路派和南路派。具有代表性的班社有永宁寨班、四顺班、宋家小庄班、下平油班、千字村班、曹町班等，每个班社都有严格的内部管理制度。随着戏班的增多，演出的地域范围也越来越广，西至山西北部，北到内蒙古，东南到山东，都活跃着蔚县秧歌剧团的身影。

那时有众多优秀的民间艺人涌现出来，从保存下来的资料看，具有代表性的就有50多人。蔚县秧歌的辉煌一直延续到20世纪30年代，军阀混战及日本入侵中国以后，才衰败下去。

1915年前后，由蔚县著名秧歌剧艺人四顺子、向应、吴具全等人共同发起组织了一个四顺班。这个阶段，社班已经基本属于半职业性质的演出团体。四顺班的班内成员有35～45人，最多达到50多人。四顺班率先走出蔚县，他们先是进入张家口，而后勇闯山西、内蒙古等地进行巡回演出。在张家口演出时，起初是在一个叫席片园的场子里演出，他们的精湛表演赢得了众多观众的喝彩声，名气越来越大。

四顺班的演出，甚至使张家口大兴园山西梆子的上座率锐减，大兴园的老板为了自己的生计和效益，不得不将过去根本看不上眼、难登大雅之堂的蔚县秧歌的四顺班，请进大兴园进行演出。

蔚县秧歌的第二次辉煌出现在解放后。1948 年 3 月，蔚县全境解放，全县人民心情激动，奔走相告，载歌载舞。秧歌班纷纷组班，进行庆祝演出，成为宣传教育和发动群众的主力军。这个时期的地方政府，也大力扶植和支持秧歌班社的活动。永宁寨村的老艺人徐才，回忆过去演出的情景时说："当时的艺人们最好组织，一打招呼就来一大片，来了也不讲价钱，到外村演出不给工钱，也不折米面，大伙也心甘情愿。有的艺人因为参加不上演出，还急得哭。"

在 1948 年到 1951 年短短三年时间里，蔚县的秧歌戏班迅速恢复到 150 多个。其中班社建制完整、人员设备齐全、艺术水平较高、在外地巡回演出的就有近 50 个。那时候，当地政府多次组织民间班社的汇演，并且通过汇演、公开招收等形式，把民间优秀的秧歌表演人才选拔上来，充实秧歌剧团队伍。

为什么群众如此喜欢秧歌剧呢？因为它所有的韵律、所有的节奏，都是为了适合劳动的节奏，按大家从小听习惯的节律唱。参加秧歌表演的人员，要事先根据需要做基本功训练，训练的内容主要有踩高跷功、舞扇子功、唱功以及其他小戏的表演功。

有的地方表演秧歌必须踩高跷，高跷是木工用木材制作的，长度在一米以内。也有人为了增加踩高跷的魅力，把高跷做得很高。踩高跷扭秧歌作为扭舞的特技，表演者必须掌握熟练后才能参加演出。由于表演者踩高跷，高出观众很

蔚县的“高瞧戏”。

大一截，观众需要仰起头来观看，所以当地也把高跷戏称为“高瞧戏”。

舞扇子功——绕扇子，参加秧歌表演要分男女角色，各拿一把纸扇子，扇子的边缘配上柔软的粉红纱布，再灵巧地绕起来，很有飘逸感，以此来增加秧歌的魅力。绕扇子是一门特技，只有好好练习才能学会，达到熟练程度后，才有资格参加秧歌队。

扭唱秧歌是北方民间一种热情奔放，充满生活情趣和娱乐快感的民间群体性舞蹈活动。在广大农村，扭唱秧歌都是以队伍的形式出现，以群扭为主，同时加入一些男女对唱、说唱等表演内容。参加演出者分男女各扮其适合的角色，演出主要以身、臂、腿相互配合，并且要着地方传统戏装，根据所扮演戏剧人物的需要做脸谱型的化妆，然后以自己所扮演的角色，参加到秧歌队里。秧歌队人数没有限制，十几人和几十人都可以。正是因为有这样的群众基础，秧歌才深受老百姓的欢迎。

秧歌一般都注重表演的形式，注重欢快热闹的场面。蔚县民间艺人通过大胆的革新，把民间秧歌戏剧化、舞台化，

艺人表演出了自身活泼乐观的心态，同时也给观众创造出了一个喜悦的生活氛围。

是对秧歌发展的一大贡献。舞台秧歌剧的表演形式和唱腔设计，都比田野秧歌有了较大的改变。秧歌从田间走上了戏剧表演的舞台，从草根变成了经典，从民间歌舞变成了民间戏剧，从秧歌队发展为戏台班社，使蔚县秧歌成为一朵地方戏剧艺术的奇葩。

秧歌三大流派争奇斗艳

纵观蔚县秧歌曾经的起起伏伏，实际上是社会出现动荡与和平的晴雨表。一旦社会比较稳定，经济繁荣起来了，百姓生活安定，社会和谐进步，秧歌也跟着兴旺、繁荣起来；反之，则会处于不景气的状态，甚至跌入低谷。

通过蔚县秧歌民间艺人的动态、班社发展情况，就能看得出其兴旺的程度。在各个历史时期秧歌是否兴盛，取决于班社和艺人。蔚县秧歌进入全面兴盛时期时，演员阵容庞大，艺人情绪高涨，艺术探讨气氛活跃，这样一来，就产生了不同的艺术流派。形成的艺术流派主要还是针对艺人的唱腔而言，唱腔的风格味道、旋律结构等各具特色，形成了传统。

清朝同治年间起，由于蔚县秧歌拥有了很广泛的群众基础，才使得班社、艺人层出不穷。广大观众的热情是艺人频繁演出的基础，喜欢看秧歌的观众越来越多，演出的活动范围和流布区域也就随之得到逐渐的拓宽。

综合起来看，蔚县秧歌大体可以分为三个流派。东路派，形成范围从县城以东到桃花镇一带；西路派，形成范围从县城以西到广灵县境内一带；南路派，县境内南部山区直至涞源一带。这三个流派在唱腔上各有风格，各具特色。

东路派最鲜明的特点是，唱腔曲谱设计高亢激越，声调悲凄婉转，演唱起来既有开阔的乡土田园风格，又显得悲怆悠长，给人“自古燕赵多慷慨悲歌之士”的悲壮苍凉感觉。而且板式较为规范，以字行腔，多采用念唱的方法，吐字清晰，情感饱满，令人倍感亲切。

西路派与东路派不同，表演形式和唱腔形态受西路二人台的影响较大。西路派还有一个特点，就是把完整的“复句”拆开运用，这种运用方法与东路派相比，表演起来更加轻松灵活。

南路派在唱腔设计上与东路派基本相同，比较有特点的地方是对古代“五声音阶”唱法的传承。中国传统乐学理论在五声音阶中，分别以不同的各音作为主音，构成不同的调式，调式名称由阶名命名。这种旋律听起来令人有赏心悦目、心旷神怡之感，显示出一种古朴典雅的风格。

由于艺人一代代不断地努力，使蔚县秧歌风格独具，规模空前。演员阵容庞大，声势日益高涨，不同流派争奇斗艳。这为蔚县秧歌走出蔚州，开始向周边地区扩散漫延，并且流传到更远的地方开辟了通途。各个流派内部都有很好的联系，除了演艺方面的相互交流之外，相互帮助也很重要。秧歌班虽然快餐文化也影响到了这里，但从这片土地里生长出来的艺术形式，至今仍受到欢迎。

社本来就是身在江湖，艺人的友情常常体现在遇到困难的时候，朋友们都伸出援助之手。这种帮助不求任何回报，互相都会记住彼此之间的友谊。

表演和唱腔学习成熟剧种

蔚县秧歌吸收当地民间文艺表现形式的同时，也综合吸收了外地剧种的表演和唱腔元素，吸收了民间社火活动中具有戏剧因素的艺术表演，形成了一个独立的具有地方特色的剧种。

蔚县秧歌剧著名的老艺人张启维先生，在他的著作中，详细记载了蔚县秧歌的发展历史和艺人的事迹。明清时期的蔚州曾经是一个经济繁华的商贸中心。随着商贸活动的扩大和交流，从四面八方赶来做生意的客流量增多，各种文化交流也逐渐增加。蔚县秧歌剧就是在这样大背景下，在广大群众热情参与的环境中吸收了来自“杂剧、弦索、弋阳腔、北方鼓乐与弹词、社火”等多种文化和文艺元素，慢慢形成了自己独特的风格。所用乐器为鼓、板和竹笛。到了清朝乾隆初期，基本形成了集“剧目、唱腔、音乐、表演”于一体的比较系统化、有特色、完整的舞台艺术，开始广泛演出。

蔚县秧歌经历了一个漫长的、不断发展、演变进化的过程。刚开始时，一些正宗的戏曲，认为秧歌声腔花杂不纯，多为野调俗曲，没有办法演绎成套的大戏。上层社会、士大夫们也都歧视秧歌，认为秧歌是跑街串巷的东西，登不了大雅之堂。蔚县秧歌与当地流行的其他地方剧种一样，崛起于花雅之争，但最后又独树一帜，以独特的艺术风格登堂入室，赢得了自己的生存空间。

随着云集蔚州的晋商足迹，蔚县秧歌迎来了与外地戏曲融合的良机，开始向“蔚州梆子”转化。从乾隆时期到清朝末年的漫长时间里，山西梆子班社艺人们进京之路多借道蔚州，因此会在蔚州短暂逗留和演出，这样就使得山西梆子有机会与蔚县秧歌相互交流，相互融合。在学习过程中，改进后的蔚县秧歌的声腔、表演艺术比原来要好得多，梆子声腔就这样被成功引入。这种借鉴演出形式，在戏曲界层出不穷。与之相关的还有个“两下锅”，就是两个剧种同台演一出戏。

在中国戏曲的发展历史上，这种“两下锅”的演出形式由来已久，是不同剧种相互交流、相互融合的一个重要手段。许多剧种在“两下锅”中，演变出新的剧种。元大都时期的北京城可是杂剧一统天下，所谓杂剧，就是多剧种在一起互相映照、影响，是借鉴、融合的好机会。

蔚县秧歌在乐器、表演行当上，更是深受梆子剧种的影响而日趋完备。加进了梆子唱腔和表演后，蔚县秧歌就可以游刃有余地演出梆子剧的所有传统剧目，如《伍子胥过江》、《活捉三郎》、《坐楼杀惜》等，就是直接从山陕梆子移植而来的。

蔚县秧歌正是在这样的条件下，完成了从“两小”、“三小”的民间小戏，到具有梆子声腔的成熟剧种的过渡。这时的蔚县秧歌已经不同于其他秧歌小戏，而成为具有完备音乐系统、表演系统，以当地的地方语言说、唱演绎的地方剧种。据有关研究者统计，蔚县秧歌的曲牌有60多套。不同的曲牌，渲染衬托不同的气氛。将不同的曲牌有机地组成引

水东堡戏台上，这样的演出从数百年前到现在，一直没有停止过。

子、过曲和尾声，配合演员不同的演出动作，以表现剧中人物的不同感情。

文场戏以笛子、板胡、二胡、三弦为主，武场戏以锣、鼓、梆、板等为主。蔚县秧歌在音乐方面，与山西梆子等最大的不同是，整场戏并不以板胡为主，而是以曲笛为主奏乐器。笛音清澈、明亮、浑厚、圆润的表现力，特别适合秧歌剧的表演。据蔚县老年人说，过去有哪个村子唱戏，顺风十里就能听到笛子的吹奏声。

锣鼓也是烘托秧歌剧欢乐气氛的主要器乐，只要有扭唱秧歌的地方，就可以听到激烈欢快的锣鼓声。蔚县秧歌不同的锣鼓点，就有 80 余种，而且都很有讲究。据说 20 世纪 60 年代，音乐学院的师生曾专门来蔚县整理过秧歌的锣鼓谱。

蔚县秧歌走出蔚州后，流行在华北等广大地区，影响着中国北方的其他地方戏剧，其许多演出特点，被北方的其他剧种所吸收，并加以发扬光大。

蔚州
被岁月掩埋的往事
THE DUST-LADEN PAST

第五章

古老神秘的宗教寺观

蔚县不仅是著名的民间艺术大县，还是个“宗教大县”。蔚州古城内的庙宇观庵星罗棋布，多达100多座。

从相关资料所显示的古庙宇分布图可以知道，蔚州古城到处都是庙宇。蔚县庙宇布满全县城乡，有的古村堡，一村就有十多座庙宇，这在外地很少见。有的县城里仅有几座庙宇，还有的县城里根本就见不到庙宇。可蔚县的庙宇真是随处可见。

蔚州古城遍布的庙观，是人们慰藉心灵，寄托希望的场所。

蔚县县城内寺观、庙坛、殿、阁等建筑随处可见，其

中重要古庙宇建筑有文庙、武庙、玉皇阁、文昌阁、南安寺塔、释迦寺、灵严寺、财神庙、真武庙与城隍庙等。据文物部门统计，蔚县全县共有各类文物遗存 780 处。县境内古建筑保存得最多，达 580 多处。其中国家级保护单位有玉皇阁、南安寺塔、释迦寺、代王城遗址，还有古汉墓群。省级保护单位有 19 处，馆藏文物 5600 余件。其中古庙宇建筑在全县最为普遍，可见其宗教事业相当发达。

蔚县城内除了文庙，最大的庙宇就是巍然醒目、气势壮观的玉皇阁，还有挺拔隽秀的南安寺塔。这两座高大宏伟的古建筑都是有宗教性质的建筑物。

蔚州古城兴建于南北朝时期，北朝东魏天平二年（535）始设州治，那时佛教在中国已经普及到民间。此后蔚州古城一直作为北方重要城池，得到加筑，并一直为州治、县治，以佛教为主的宗教建筑自然也就随之修建起来。一直到明清时期，宗教建筑与古城建筑一直未停止建筑和修缮。

蔚县的古寺庙中，绝大部分已经没有僧人了。金河寺、玉泉寺、隆善寺等还存有僧人住持，为了培养善男信女的慈悲心。这些僧人安静正坐，帮助前来许愿烧香的人们，使他们相信人都应该追求善良。

这些寺庙为一代又一代浮躁的尘世，增添了平静。为一代又一代悬空的心灵，提供了随时都可以停靠的港湾。物质生活的富裕，生活方式的拓展，并不能使我们的心灵更平和、安宁，我们同样需要精神层面的慰藉。

给菩萨上香，祈求平安。

庄重典雅文庙

从西汉时期著名的哲学家董仲舒向汉武帝建议“罢黜百家，独尊儒术”以后，孔子开始有了至高无上的特殊地位。以后的近两千年里，孔子被尊为庶帝，也就是没有帝冠的一个皇帝。

在中国古代文化传统里，儒与佛是相通的。蔚县的文庙是所有庙宇中，政治地位最高的。文庙多建于文化发达昌盛之地，是为祭祀至圣先师、万世师表的孔子而修建。中国的文庙，明、清两代修建得越来越奢侈，这并不能说中原文化进入了更高的状态。庙宇的奢侈状态，不与文明的高低成正比。

文庙崇尚装饰与仪表，其实并不是儒家的需要，完全是当权者的统治需要。统治者把这种奢华当成是“文”的象征，通过抬高儒学的地位，更好地利用儒学为统治服务。

蔚州文庙也称蔚州儒学宫，位于蔚州城内牌楼街的路北，整个建筑占地 50 亩，共有房舍 120 余间。据清朝光绪版《蔚州志》中记载，蔚州文庙始建于元朝至元年间。另据《畿辅通道》记载，蔚州文庙明朝洪武二十年（1387），为抚宁侯朱永弟捐地而建。此后，在明朝正统、天顺、弘治、万历、崇祯，清朝顺治、康熙、雍正、乾隆、道光、咸丰、同治等年间的知州、知县，为了倡导儒学，弘扬儒家文化，尊拜万世先师，对文庙都进行了不同程度的修缮和增建。

特别是明英宗时期的司礼监太监王振，在正统年间仿照北京的太学，对蔚州文庙又进行一次扩建与修葺，使蔚州文庙成为京师儒学的形制，形成了气宇轩昂、规模宏大的蔚州学宫。

文庙中路从南至北依次是照壁、泮桥、戟门、先师殿、明伦堂，以及圣制楼等；东路从南至北依次是进士坊、名宦楼祠、尊经阁和忠义祠等；西路从南至北依次是举人坊、乡贤祠、奎星阁和崇圣祠等。忠义祠以左右分设，整个建筑群气势恢弘、庄重典雅、神圣大气。

在中国传统文化中具有特殊地位的人物——孔子。

文庙坐北面南，建于十多层砖砌基台座上，庙门是一座牌楼式琉璃柱棂星门，门两侧各有一米多高的铸铁狮子一个。左为“道冠古今（垂宪万世坊）”、“进士坊”两座牌坊。进门迎面就能看见一座六米多高的雕刻精美的大型团龙照壁，照壁左右各立一座下马碑。大门左右有“义路”、“礼门”两个角门。

文庙院从大门进入后，有座泮桥。泮池清凌，池内有红鲤游戏。泮桥北有面阔三间的“戟门”。正北为文庙中的主体建筑先师殿，也就是庄重的大成殿。大成殿面阔五间，黄琉璃瓦绿剪边单檐歇山顶，檐下正中悬有“先师殿”匾额，两侧悬挂清朝雍正、乾隆两个皇帝亲书御匾“万世师表”、“生民未有”和“与天地参”等。前面出阶正中为汉白玉雕龙石阶，殿前是青石铺的单墀，是专门供祭祀时摆放供器、供品的地方。

文庙大殿内十分雅静，正中矗立着“大成至圣先师孔子”的高大牌位，左右两侧为历代儒家的代表人物，其中有“宗圣曾子”、“亚圣孟子”、“复圣颜子”、“述圣思子”的牌位，再向下就是十二先贤。儒家虽然只是诸子百家中的一家，但儒学将国家的思想，完全地渗透到了民众的意识中去，在人类文明史上这是一个创举。

中国古代各地文庙的祭孔是十分严肃的事情，是地方政府政治生活中的一件大事。地方衙门在祭孔前都有严格的禁忌规定：祭祀的前两日，各衙门都要设斋戒牌，准备参加祭祀活动的官员们都不许饮酒，且不能吃蒜等有异味的食物，不参加吊丧问疾，不听乐，不理刑，不判署刑杀文字，不做任何秽恶事。

到了大祭之日，祭典从夜半子时开始。主祭穿着祭服，由鸣赞、引赞引导，身边跟随手罩、提炉、纱灯、跟班等人，先在杏坛磕头，然后由侧面走到大成殿前的平台台阶，到大成殿门口，提炉、纱灯留下，跟班随主祭进大成殿拜台。

清代祭孔已经程式化，祭孔程序是皇帝所钦定，由朝廷下发至各地执行，所以各地基本都一样。祭祀的主要仪式叫“大成殿释典礼”，按“鸣赞”、“引赞”的口令进行，整个过程由迎神、初献、亚献、终献、撤馔和送神共六部分组成。祭孔仪式具有十分庄重的仪式感，这种仪式感是当时社会生活中，对于儒学价值观的敬畏所造成的。古代参与祭祀的人，在庄重仪式的气氛所笼罩下，屏住呼吸，按照要求的动作程序做，战战兢兢地反复鞠躬行礼。

我并不主张中国恢复古代的一些仪式，但却觉得我们极其缺少能够深入人心的仪式。北京大学张颐武教授说得很好：“中国需要重新建构一套将自己的传统和当下的生活接合的礼仪和仪式，让生活里有一点庄重和高贵。”

蔚县的文庙早就被拆毁了，既不能供游人参观，更无处倾听《论语》、《孟子》等儒家经典，我很期待这种状况以后会有所改变。经典是一个民族通过长期的社会积累而形成的智慧与文明的结晶，儒家经典是中华文化对人类文明作出的巨大贡献。

（右页图）这座位于南安寺院内的古塔，是蔚州古城的标志性古迹。

挺拔凌云南安寺塔

南安寺塔是蔚县著名的文物景观之一，2001 年被国务院公布为第五批全国重点文物保护单位。南安寺为古城内的一座寺院，后来庙宇废弃了，只保存下来一座古塔，就是这座蔚州古城标志性建筑之一的南安寺塔。

顾名思义，古塔因坐落于南安寺院内而闻名。据《蔚州古城》记载，南安寺及塔始建于北魏时期，历代均有重修。明朝洪武年间扩建蔚州城时，因为南城墙要从南安寺中间穿过，所以将寺院拆除了，只保留了南安寺塔。南安寺塔与建筑在北城垣上的玉皇阁互映成趣，成为蔚州古城的两大标志古迹。

南安寺塔的确切位置在今蔚县南门外西侧。从遗存形制看，比史书所记载的北魏时期稍晚一些，有辽代 (916—1125) 建筑风格。这座塔为平面八角形，实心 13 层密檐式砖石结构，高约 32 米。塔基为石条砌筑成须弥座形式，高 2.5 米，上置砖砌塔座。八角形塔座的东西南北四面雕有兽头，另外的四面雕刻有篆字“福”和“禄”。

塔座上砌有砖檐，檐上围砌有密实均匀的仰莲瓣三周，塔身置于莲花座中，宛如一朵莲花将整座塔托了起来，十分美观。塔身第一层较高，各隅有塔柱，四面置券形隔扇门，另四面开小窗，刻有花棂，顶部雕刻着盘龙，盘龙上砌仿木斗拱。

剪纸厂直销处

第二层至顶逐层稍内收，各层之角均悬铁制风铃，共有104个，风吹铃响，幽静中悦耳动听。塔刹由一仰覆莲花承托覆钵，以相轮、圆光、仰月、宝珠、宝盖等组成，古塔浑然一体，挺拔凌云，是蔚州古城内一大景观。

南安寺塔下现存一座清朝康熙四十五年（1706）重建的塔院，南安寺塔就坐落在塔院南部。塔院东西宽约17.4米，南北长约24米。塔院大门位于塔的西侧，为单檐硬山顶。正殿面宽三间，进深二间，单檐大式硬山布瓦顶。正殿两侧各有一间正禅房与正殿相连。塔院东西，原来还各有硬山布瓦顶下禅房二间。

香火旺盛灵岩寺

灵岩寺又称灵严寺，也被蔚县人称为前寺，位于蔚县城内鼓楼西街，占地面积6682平方米，现存天王殿、大雄宝殿、东西配殿及禅房僧舍等数十间建筑，为蔚州名刹古寺之一。

灵岩寺始建于金代。据明朝《大同府志》记载："蔚州灵岩寺，元末毁，国朝正统六年敕赐重建。"即复建于公元1441年，距今已有570多年了。昔日香火旺盛时，朝拜者络绎不绝，其规模之大，为蔚县佛教寺院之翘楚。

原寺院布局从南至北依次为山门、天王殿、大雄宝殿、藏经阁等，均分布在南北一条中轴线上。东西为钟鼓二楼、

灵岩寺也曾经香火兴旺，朝拜者络绎不绝，如今已经没有了往昔的盛况。

配殿、禅房等，现该寺仅存天王殿、大雄宝殿和东、西配殿四座建筑。

灵岩寺天王殿是单檐歇山布瓦顶，天王殿面宽三间（12.8米），进深三间（9.9米），平面大致呈方形，殿内没有一根金柱，四周有12根檐柱被置于墙体之内，内有四大天王和哼哈二将的塑像。殿檐下右侧立有记录灵岩寺重修记碑文的一座石碑。

灵岩寺大雄宝殿又称佛殿，为单檐庑殿布瓦顶，通高十余米，面宽五间（25.2米），进深四间（13.5米），建筑面积340平方米。这座大雄宝殿，是河北省规模较宏大的一座单檐庑殿顶建筑。殿顶的线条显得平直刚劲，整座大雄宝殿的外观气势雄壮宏伟。

庑殿顶是建筑屋顶的最高形式，多用于皇宫的重要建筑，地方上若有庑殿顶形式，一般是要得到皇帝的批准才能修建，否则主持修建者就会因为越制而受到惩罚，严重的可能还会掉脑袋。据说灵岩寺在明正统六年（1441）重建时，使用庑殿顶是通过大太监王振，获得了明英宗的“敕赐”。

院内现存三块碑碣，一块已经残缺，好像是明代所立，但因残缺不可考，现只能见碑文残句“开山第一代住持觉开，第二代住持……”。另外的两块石碑，为清朝康熙、光绪年间重修寺庙碑各一通。康熙年间重修碑记载：“盖闻教立山门，佛……敕建灵岩禅寺，巍峨宝刹，虽云前代”，其余的字迹，亦难以看清楚了。光绪年间的重修碑，可辨的碑文也很少了，只有“光绪十七年重修寺院围墙，三尊佛像”等，绝大部分字迹也已经模糊不清。

灵岩寺的香火，早已经没有了往昔的旺盛。现在很多人拜佛都太功利，有需求了才想起佛祖。烧香的人以为，既然佛法无边，就一定能保佑逢凶化吉，遇难呈祥。其实，这是对佛教认识一个很大的误区，佛教讲有愿无求。

古树立佛双松寺

双松寺俗称“后寺”，是区别于前寺而言，前寺即灵岩寺。双松寺建于蔚州城的西北隅，它的东边是财神庙，西与武神庙相邻，南面和财神庙的通衢大道相通，北面紧挨着古城垣。

双松寺前身是“三学寺”。“三学”是佛教的一种术语，一学用戒止恶修善；二学用定息悬澄心；三学用慧破惑证道。由于三者关系互不可分，不少寺庙都取名“三学寺”。双松寺建筑时间大约在辽代统和年间，后经明代重建和清代重修，使其成为蔚州城内名寺之一。

双松寺坐北面南，有一座用青砖券砌、雕刻工艺精致的山门，中门高大宽阔，两侧的门则略小一些。山门迎面是一座巨型影壁，有砖砌数层壁座。寺内筑两座高耸的钟鼓楼屹立于山门内，从寺外便可望见。进入寺院，苍松翠柏十分茂盛，一条砖铺引路直通第一座过殿。过殿还有 4 尺多高的韦驮站像，韦驮手捧金刚杵，这个佛教护法王的化身貌似童子相。

距第一过殿不远，向北便是第二过殿，此殿的形制与第一过殿基本相同，只是更显得高大宏伟。第二过殿的正中佛台上坐着金光灿灿的巨型弥勒佛像，是用生铁铸成的，浑圆肩膀，阔胸，巨首，大耳，慈眉善目，笑容可掬。

从第二过殿向北，经过一段宽宽的引路，便是双松寺的正殿大雄宝殿。该殿矗立在一米多高的平台上，面宽三间，进深三间，重檐歇山式布瓦顶，外观显得金碧辉煌，人们走进殿堂，望之显得异常庄严肃穆。走进大殿，第一眼就看到正中塑有释迦牟尼像，两侧是药师佛与阿弥陀佛。殿内所有佛像都硕大魁梧、神采慈祥，加之赭红色梁柱和色泽艳丽的佛教壁画，烘托着整个大殿的凝重庄严的气氛。

大雄宝殿的北面平列着的是三座大殿，正中是高佛殿，东、西两侧为罗汉殿（东）和地藏殿（西）。三座大殿的面宽、进深相同，都是面宽三间，进深两间，中间的高佛殿比两侧的罗汉殿和地藏殿要高得多，看上去就好像是两层的建筑，即大殿之上还有一层顶楼，这种建筑造型在明清时期的蔚州是很少见的。

高佛殿为了适应殿内塑像的需要增加了高度，殿内塑有一尊身高一丈八尺的立佛像。据说原来设计的大雄宝殿高度不足一丈八尺。现在既然要在殿内塑一丈八尺高的立佛，大殿的高度就要达到两丈多才行。能工巧匠们就别出心裁，建一座“明二暗一”式的高佛殿。高二丈余的佛殿，把前檐门窗设计成了两层，下层为大殿，上层为楼顶，从外观看大殿里是立佛的金身银躯，而楼顶层里则是立佛光顶大耳的头部。进入大殿仰望，一丈八尺高的立佛塑像与大殿浑然一体。

这立佛是双松寺最令人瞩目的地方，也是当初建筑设计者的“画龙点睛”之笔。在明代重建双松寺时，原来的“三学寺”里曾有两株参天的古松，其中有一棵古松正好生长在高佛殿的位置，本来该把它砍掉。精明的设计者面对这棵古松沉思良久，心里顿生灵感，考虑到砍掉古松再塑佛身不如利用古松塑成巨佛，于是就在古松四周筑墙建起大殿，再利用古松做骨干塑成了一尊巨型立佛。后来佛寺也因此取名叫双松寺。

罗汉殿在高佛殿的东边。罗汉殿中塑有观音菩萨的坐像，侍女分立左右，两侧塑有罗汉像十八尊。地藏殿在高佛殿以西，殿正中塑有地藏菩萨的坐像，地藏菩萨左边塑的是道明像，右边塑的是闵公像。殿的两侧分别塑的是十殿阎罗像。

双松寺的高佛殿、罗汉殿与地藏殿的后面就是古城墙。清代才子徐松年曾作五绝《早秋风雨双松寺》:“古寺何年有，残碑认昔踪。楼台倾七宝，风雨问双松。吟客寻秋至，禅僧喜旧逢。虚檐云气满，凉意入疏钟。”

风风雨雨释迦寺

释迦寺位于蔚州古城南关西南隅，当地人称其为“南关大寺”或“卧佛寺”，元代始建为庵。

明朝洪武年间，时任蔚州卫指挥使的周房以官方的名义，动工扩建了这座古城里的名寺，扩建后的释迦寺就成了蔚州古城佛教活动的最大场所。正如碑文所说:“城内廓外之福地”，“东西朔南之名刹”。释迦寺殿宇的建筑气势雄伟，看上去富丽堂皇，它的主要建筑虽历经数百年风雨的磨砺，多年各种天灾与人祸的考验，但至今保存基本完好，是蔚州古城保存比较完好的古刹之一。

这座建于明朝初期的寺院，占地面积达4884平方米，算是规模很大的了。原来它的山门为木牌坊式（现已毁坏），

位于蔚州古城南关的释迦寺。

寺开三门，门中上方镶嵌一块“能仁古刹”匾，而背面镶嵌的是“释迦兰若”匾。门的南面紧靠着关墙，有一座坐南面北的砖雕照壁。门内东西原有两株树龄达数百年的古槐树，据说古槐树粗得要三人合抱。引路与石桥相连，过了桥就进了天王殿，天王殿两侧有左右参门，门后原有钟鼓楼（现已毁）。

过了天王殿，沿中间甬道向北拾级而上，就是大雄宝殿的月台。释迦寺大雄宝殿是蔚县仅有的一座元代建筑，为单檐歇山布瓦顶。大雄宝殿面宽、进深都为三间，平面基本为方形。柱头卷刹，并有明显的侧脚，这样的安排主要考虑增加殿宇的稳定性。虽历经多次的地震，大殿依然屹立不倒。出大殿后门下台阶数十步，即进入了后殿，后殿内供奉着的是释迦牟尼、药师佛、阿弥陀佛三尊佛塑像。殿中玻璃佛龛内，供奉着木质的释迦牟尼佛卧像。

殿内东、西墙的两侧放置着藏经柜，曾藏着一套极为珍贵的木板《三藏经》数百卷和《大唐西域记》等佛教经典，但可惜的是这些珍贵的文物，均毁于文化大革命时期的动乱中。

蔚县博物馆就设在释迦寺，现有藏品5666件，有国家级珍贵文物百余件。藏品中有石器、青铜器、石刻、玉器等，以瓷器、陶器和书画数量较多，但在全国有重大影响的还是石刻造像。1993年，在马家寨村三教寺一枯井中发现的北魏石刻“千佛塔”，可以说是博物馆的镇馆之宝。石塔各层雕有出檐，每层塔身佛龛内雕一大佛，周围雕众多小佛和供养人。其人物形色各异，活灵活现，蔚为壮观。

1982年9月，在蔚县黄梅乡榆涧村石峰寺内发现的“北魏太平真君五年朱业微石造像”，同样是博物馆的镇馆之宝。造像用灰褐色砂岩雕刻而成，释迦牟尼结跏趺坐于长方形佛座之上，两侧各有一协侍菩萨，座下雕供养人。佛像后有圆形项光和拱形背光，背光上雕有铭文。石造像通高60.5厘米，是太平真君五年（444）的释迦牟尼说法石造像。

博物馆珍藏的陶器中，以唐代中晚期墓葬出土的绿釉陶器最富地方特色。唐代中晚期墓葬在蔚县发现较多，但随葬器物却与各地均不相同。这些绿釉陶器体型较大，工艺精致，风格独特，具有鲜明浓厚的地方特色和民族风格。书画作品则大多是明、清两朝在朝为官的蔚州人及其家人的宫廷画像。

傍临清泉玉泉寺

玉泉寺，又名飞泉观，位于蔚县城南10公里处的浮图山南麓。当地老百姓习惯称这里为“蔚县大南山”。山下有一清泉，长年不断的泉水清澈如玉，故名玉泉。唐代，有僧侣在玉泉旁边修建一寺院，便取名“玉泉寺”。玉泉山以东是秀丽的翠屏山，西南是雄浑的萝山，距县城10公里。

据说玉泉寺“文革”前还有僧人居住，一边耕地，一边坐禅念经。“文革”中寺院几经破坏，便逐渐颓废。杂草丛生的寺院里，还有躺倒的石碑和模糊不清的壁画，述说着荒

蔚县城南浮图山南麓的玉泉寺。

凉中的无奈。墙壁上还有一些极富文采的壁题诗文和对联，这是魏象枢的侄子与当时的知州、知县的对诗。

玉泉寺院内，现在存有元代至元十七年（1280）忽必烈皇帝的圣旨碑。灰岩石质的碑身是元代的原物，碑身长103厘米，宽88厘米，厚24厘米。碑首和碑座都是明代后配置，不知原物是在什么情况下损坏的。碑的正面竖写楷书35行，每行37～39字不等。内容有两项，一是抄录忽必烈皇帝至元十七年御宝圣旨，二是刻记了蔚州灵仙县飞泉观道士阎志进的吐退文状。碑的背面竖写24行字，内容记载的是立石人的捐赠人名单。

就是这座如今已经破旧不堪的玉泉寺，清朝时曾经走出过两位重要人物，一位是魏象枢，一位是李周望。魏象枢官至刑部尚书，是清朝著名的政治家、理学家；李周望官至户部左侍郎、礼部尚书，后任国子监祭酒。因这两位清代名臣在此读书，并出仕入阁，留下千古佳话，因此，玉泉寺又称玉泉书院，是蔚县乃至周边地区的一处重要寺院。

魏象枢和李周望二人在玉泉寺刻苦读书学习的事迹，对当时蔚州的学风影响很大，这也是当年玉泉寺香火极旺的一个原因。清朝康熙皇帝、乾隆皇帝听说此事，感念魏象枢一生清廉，治学有方，就赐石墨两块，镶于玉泉寺。

蔚县还有一座玉泉寺也很有名，就是位于蔚县城西一公里的卜家庄的玉泉寺。同样是因寺前紧临清泉一眼，得名玉泉寺。《蔚州志》记载："王振墓在城西卜家庄，振即庄人。"

清代名臣魏象枢和李周望，曾经在这座二层小楼中读书。

王振一生笃信佛教，正统四年（1439）建蔚县卜庄堡玉泉寺。

这座玉泉寺内有很多石碑，“文革”期间，随着寺庙被毁，石碑也遭到了严重的破坏。现在大雄宝殿遗址上，还横躺竖卧着大小不一的石碑。其中一些零星的记载，还可以找到玉泉寺与王振有关联的蛛丝马迹。

玉泉寺的规模虽然很小，但建筑等级却很高。贯穿南北的一条中轴线上，分布天王殿、大雄宝殿，院两侧各有一座小门与东西两座跨院相连。东跨院建筑有天王殿三间，为单檐硬山布瓦顶，五架梁，面宽三间，进深二间。

台山晓日金河寺

金河寺始建于北魏，是辽代著名的佛教圣地之一。据《辽史》记载，辽代圣宗和道宗两帝都曾亲临该寺。辽统和十年（992），圣宗“幸五台山金河寺饭僧”。这里说的五台山就是蔚县的小五台山，而不是山西省境内的五台山。《辽史拾遗》记载，蔚州金河寺应建于辽统和初年。辽圣宗、兴宗、道宗三代正是崇尚佛学的隆盛时期，除圣宗统和年间“幸五台山金河寺饭僧”外，道宗咸雍九年（1073）七月，又“幸金河寺”。

明清两朝，金河寺都曾重修过。寺院遗址现散落有三块重修碑，其中之一是明正统五年(1440)所立的“敕赐金河禅寺”碑。该碑为汉白玉石质，碑的下半部仍被掩埋在地下，碑首由巧匠浮雕着的两条龙，雕龙的体态硕长，有专家认为其与清朝时期有明显区别，基本可以确定为明代所遗存下来的。

敕赐金河禅寺碑中记载:“内侍太监王公奏之，敕赐金河禅寺”，碑中所指的内侍太监王公，应该可确认就是太监王振，可见王振当时对家乡的影响是很大的。

清朝康熙二十三年（1684）重建的金河寺，是在继北魏、辽代、明代之后又一次掀起兴建庙宇高潮中进行的。这一次重建的建筑规模较从前更加宏伟，新建起的金河寺占地约30余亩，整座寺院气势雄伟、殿宇金碧辉煌，大雄宝殿内供有释迦、文殊、普贤三尊塑像，此外还有天王殿、水晶宫、禅房、客堂等多达百余间，钟楼和鼓楼建在南崖上，隔金河与金河寺遥相呼应。

相传蔚县金河寺山门是建在广灵境内，可见建造者为了随山取势，巧妙布局，没有受行政区划的限制。而广灵县也没有计较金河寺的这种安排。

金河寺旁边原有历代高僧的灵骨塔，传说当时曾设有明塔和暗塔各72座，可惜今天多数都被人为拆毁。如今北塔林仅存四座，其中有两座密檐塔，两座喇嘛塔，三座建在半山坡，一座建在山顶。南塔林仅存一座“无边禅师灵塔”。现存的五座古塔中，有三座留有塔铭，其中“资中政公禅师灵塔”记有明确年代，为明朝成化元年（1465）书刻的铭文，为后人研究这几座古塔提供了依据。从建筑结构特点来看，北塔林的三层实心密檐塔的建筑造型，工艺、规模、风格明显为辽代的建筑，另两座不仅结构简单，规模也比较小，应为明代所建。而余下的两座因有纪年，可证明是明代中期的建筑。

金河寺前有一条碧水清波的河流，源出北台，流经寺前又奔去深谷，河内有一种奇特碎石，晴空日朗的好天气里，在阳光照射下，河水会发出金黄的波褶，故人称其为金河。河间的山峰接连突起，山势十分嵯峨险峻，林木葱茏，风景秀丽，古时曾是金、辽帝王们夏季避暑游猎的好去处。蔚州著名的八景之首的“台山晓日”、“金河晴月”指的就是这里。

金河寺在1943年被日本人焚烧后，已成废墟，仅存一些碑石、经幢和柱础等残迹。寺的西侧还存有历代高僧的灵骨塔四座。金河寺的全貌以及建筑规模、特点等，只能根据一些资料来了解了。直到2007年后再次重建金河寺，才得以复现辉煌。

龙蟠虎伏重泰寺

出蔚县城向西北，距县城 11 公里的涌泉庄乡高利寺、阎家寨、崔家寨三村中间，有一块高丘之台，有座重泰寺，它是蔚县现存年代最早、规模最大、主体建筑保存最为完整的一处千年古刹，是河北省重点文物保护单位。重泰寺东、西有两条沙河环绕，在蔚州民间流传有“二龙戏珠”和“龙蟠虎伏”之说。

重泰寺的建筑年代为辽代，据民间传说，当时宋、辽对峙，两国连年发生战事。反对战争的辽国太子愤而出家，就住在重泰寺。有确切的文字记载，明朝弘治九年（1496）真慧和尚改建了重泰寺，并命名为“三圣寺”。这里同时供奉着释迦牟尼、孔子和老子，反映出张家口地区三教并奉的文

三教合一的千年古寺重泰寺。

化特色。嘉靖九年(1530)经山西潞城王整修，赐名“重泰寺”，清朝光绪年间曾一度改称“罗汉寺”。

远望重泰寺，楼、阁、殿、台、塔、舍，错落有致，苍松葱郁，规模宏伟壮观。寺院占地面积13100平方米，坐北朝南，由前、中、后三大院和东西跨院、塔林等组成，主要建筑沿南北一条中轴线上，依次排列着戏楼、山门、弥勒殿、千佛殿、地藏殿、释迦殿、三教楼和后禅房。中轴线两侧对称布置有钟鼓楼、二郎庙、关帝庙、罗汉堂、阎王殿、藏经楼、碑廊及配殿等。

寺院被两道东西向的院墙和砖砌门楼分成三进院，建筑形式包括硬山、悬山、歇山、楼台和亭阁等。东、西两个跨院分别位于寺的东北角和西北角，为寺内僧众、道士生活的房间。东、西山墙保存多处清代戏曲题壁，是研究梨园舞台的珍贵资料。

在过去，农历正月十五庙会期间，重泰寺极为热闹，届时好多戏班来此演戏，进香、祈祷者人山人海。庙会作为民俗文化的古老载体，其实就是一个舞台，是传统与民俗文化的剪影。如今蔚县的庙会，同样也是展现民间生活风貌的一个窗口，游人到蔚县看庙会能大饱眼福，欣赏到有品位有特色的民俗表演。

释迦殿为重泰寺中的重要建筑，为单檐歇山布瓦顶，前出抱厦，看上去宏伟、庄严。殿内保存有完整的清代壁画，壁画的绘画风格与石家庄毗卢寺壁画大致相近。寺中最高的建筑三教楼，建于寺院北端，在释迦殿的后面，三教楼建在高7米，长和宽各6.8米的砖砌台基上。楼台为砖砌围墙，楼檐有精雕飞龙，正脊、边脊均装吻兽，显得古朴典雅、庄重大方。登上楼台可观赏全寺风貌。

人们要登上楼台，必须一步步跨过22级台阶，才可抵达。台基下巧设一人高孔道，台阶东、西为僧舍，台上砖砌十字孔女儿墙。三教楼为单檐硬山布瓦顶，进入楼门，就仰瞻到高大殿壁正中彩绘着儒、释、道三教尊祖的坐像，孔子居左，老子居右，释迦牟尼居中，还有侍者分列。儒、释、道三教并存的历史已经很悠久了，唐宋以来，三教虽有互相的诽攻发生，但始终是处于并存的局面。

重泰寺庭院深深、殿宇重重、亭台错落，却又简而不繁、精而不俗。

重泰寺在建筑规模上给人以庭院深深、殿宇重重、亭台错落、形制宏伟的大规模建筑群的感觉，有小体量、大规模布局的建筑设计特点。在建筑艺术方面，明显有追求简而不繁、精而不俗的独具之匠心，尤其是对门楼的设计，无论其在比较显眼的位置，还是在隐蔽的角落，都能处理得很巧妙得当。在砌筑硬山墙体上，处理得十分精细，特别是墀头、博风等处的砖雕，既有地方特点又具有很高的艺术水平，足可代表当地工匠在瓦工操作上的高超水平和设计者的成熟匠心。

重泰寺选址十分独特，独立静居在高丘，远离村庄俗世，环境僻静优雅，是难得的避世清静之所。这样的地理位置和周边环境也是它多年来一直保持完整，较少遭受到破坏的重要原因。

古刹佛镜华严寺

位于蔚县暖泉古镇内的华严寺，被当地人称为“大寺”，现在是全国重点文物保护单位。这座远近闻名的古寺坐北朝南，在一条轴线上，原先建筑有山门、天王殿、过殿和大雄宝殿，东西两侧还有钟鼓楼、配殿和禅房等。可是，再雄伟坚固的建筑也抵挡不过历史风雨，就像蔚州各处的古堡一样，华严古寺也慢慢破败了。现在，寺庙的山门和天王殿、钟鼓楼已经损毁，好在其他建筑尚存。

近观华严寺，其建筑虽显古拙，但木构梁枋之间却不失雄浑。寺庙的过殿是单檐歇山布瓦顶，外檐置五踩单昂斗拱，面阔和进深各为三间，建筑结构严谨，形制稳健。过殿内部绘制的华丽彩图至今保存尚好，明间画有四爪龙，次间画有彩凤，前后廊画的是仙鹤。这些绘画华贵典雅，是难得的精品。

大雄宝殿是华严寺的主体建筑，为单檐歇山布瓦顶，外檐置重昂五踩斗拱。面宽五间，进深四间。殿宇形制古朴，雄浑壮丽。殿内彻上露明造，梁架枓栱结构显露可见，上面布满了精美的彩绘。这些绘画的手法极富变化，彩龙、麒麟、

华严寺壁画。

狮子和花卉等造型特点突出，图案内容丰富多变，从中可以体会出画师娴熟的技艺和高超的手法，这让观者无不赞叹。

华严寺的院内，另有硬山布瓦顶的东西配殿各三间，还有多间禅房。多少代的暖泉百姓，就生活在华严寺周边，得到了宝刹的庇佑。旧时，人们说“大寺前面佛爷镜，大寺后面青菜园”，现在华严寺后面的青菜园已经看不到了，但寺前的“佛镜”却还是那么清澈。

这“佛镜”就在华严寺的山门外面，是一个石砌的水池，池子并不算太大。古时的僧人可能就在这池泉水中放生，池水清澈见底，仿若简单澄净的心灵。

暖泉文化的内容中，泉水占了不小的比重。因为正是这汩汩的泉水，孕育出了暖泉地区悠久的历史文化。泉水的出处有二,一是古镇的逢源池，一是“佛镜”。波光粼粼的“佛镜”，虽然只是一个面积半亩左右的水池，却给暖泉文化添加了安定祥和的寓意，而且还象征着光明磊落的品行。

“佛镜”名称的含义大概有两个方面，一是此水池形状圆如镜，二是池水澄澈可鉴。这面明镜镶嵌在暖泉古镇上，也镶嵌到了暖泉人的内心中，不论做什么事，不论行走到何方，都以这面“佛镜”为鉴，行善戒恶，从严律己。正如光绪十四年重修佛镜碑记所载:“佛镜能照天下之古往今来，形形色色，善善恶恶。”

经学者考证，这座华严寺为明代早期的建筑，而且在有关人员进行调查研究的过程中，还曾听当地老人讲，华严寺的大殿脊檩下有过一块木匾，上面写有“大明洪武三十二年”等字样，这就佐证了学者的判断。另外，从华严寺殿堂彩绘、天花图案来分析，该寺还应该是皇家敕建寺院。

壁画宝藏故城寺

故城寺又称“心佛寺”，还有一个“东大寺”的俗称，其地址在蔚县宋家庄镇大固城村东。这座寺庙坐北朝南，占地面积有2500多平方米。

故城寺现在还留存有释迦殿和三间禅房，而其余的建筑都已经被毁了。释迦殿为单檐悬山布瓦顶建筑，其面宽为三间，进深为两间，五架梁前后各出单步廊。从释迦殿脊檩下的木匾题记中可以得知，这座寺院的建成时间为明朝正德二年（1507），是当地贾家六人和范家九人舍地而建。

如今，令故城寺闻名的是释迦殿内保存比较完好的明代水陆壁画。壁画的绘制时间和寺庙建筑年代大体相同，画工技艺精湛，其内容所涉题材也非常丰富。画中人物看上去比例适度，形象、神态表现得体，设计和刻画也非常有特点。壁画是由当时蔚县县城、大云疃村、北门子村、石家庄村、千子村、大固城村以及九宫口村七地共204位功德主供养的，在这些供养人中，又以女性居多。此外，还有钱铺、缸房、肉房、永信成、瑞和永等商家参与，资助绘制完成。

故城寺壁画（一）

殿内四壁的壁画均沥粉贴金重彩。画面的高度为2.7～3.6米，总长度约34米，有110平方米左右，一共有114幅画，其中可以看清楚的人物约有539位。人物所涉范围非常广泛，既有十大明王、诸天梵王，又有日月星宿、五岳大帝、四海龙王、道教祖师、各司判官，还有帝王将相和士绅。画幅中还设有榜题，标注了供养人。

壁画从释迦殿的北壁起首，之后向东、西、南壁依次延展开来，又分为上堂和下堂。上堂所绘为佛教上层人物形象，如佛祖、菩萨、明王、护法天神等；下堂所绘为儒、释、道三教人物。在画面内容中，儒、释、道三教是融合在一起的，这就表现出了历史上中国佛教世俗化、三教合一的信仰特点。虽然是三教合一，却又表现出了以佛为尊的精神主旨。在东、西壁的壁画中，三教各色人物不论是持笏朝拜，还是举步行进，都面向北方，意为朝拜佛祖。

壁画人物虽然多，但任何一个人物的绘画线条都很匀均柔和，每一笔都极为认真，表现了画师的深厚功力，也体现出执著的敬业精神。在壁画上，佛、道和帝王等各类人物服饰飘曳，神情仪态庄严肃穆中又高贵超然。而将官则须眉飞张，贵妇端庄静美，侍从女子笑容怡人。从天上到人间，气韵流动，意态飞扬。

由于故城寺释迦殿中的壁画，把那个时代的宗教、世俗精神世界都体现了出来，生动地表现了当时的宗教信仰情况，以及社会生活面貌，故而具有非常重要的历史文化研究价值。这座寺庙也就成了反映当时精神信仰和民间艺术的一座宝库，为宗教、民俗文化和美术发展等方面的研究提供了珍贵的实物信息。

中国自古就有“只羡鸳鸯不羡仙”的说法，享受人间快乐的同时，又很崇尚对道教的尊崇。这一点在千年蔚州，也不例外。

历史留给了古老蔚州城丰富的文化底蕴，道教文化的道观就是其中之一。走近这些古老而神秘的道观，历史的风烟虽然早已远去，但气势磅礴的建筑群，却依然能让人惊叹这里昔日道教文化的繁荣与辉煌。

故城寺壁画（二）

蔚县道观既有保留着原始风貌的古建筑，也有已经修缮一新的建筑。无论建筑新旧，都记录着古老道观与古老蔚州城一起走过的历史岁月。它们或多或少的历史痕迹，不仅留下了一代一代凡人顶礼膜拜的足迹，也演绎着诸位神仙不朽的神秘故事。

道观是道士修行得道之地，飞升得道是道家崇尚的至高境界。道观一般都选择建在视野开阔的地方，其不像佛教那样富丽堂皇，大部分遵循道教天人合一的理念，按照道法自然观念来筑就，但蔚县的玉皇阁却是一个例外。

蔚县过去的道观香火很兴旺，现在就冷清得多了。四周悄静无动，给人空寂孤零之感。这里没有了能知往卜来、道术高妙的道人，泥塑的众神仙也就显得游踪不定，缺少了神秘莫测的感觉。

蔚县道观，记录着与古老蔚州城一起走过的历史岁月。

道教虽然是中国的本土宗教，但始终也没有成为国教。道家尊崇“小国寡民”的理想精神，作为对个人生命的引导，还有一定的积极意义。道教追求自我、崇尚自然，今天对于我们依然有着重要意义。

如果有时间，大家应该读一读《老子》、《庄子》等道教经典，致虚守静，体会道家的“自然”。在这种“自然”中，就会懂得“归返天地”。

宏伟壮丽玉皇阁

蔚县的相关资料显示，玉皇阁原为靖边楼，为指挥使周房将军在明朝洪武十年（1377）建造，是蔚县境内规模最大、装饰最精美的建筑物之一。它巍然伫立在古城的北城垣，与古城的东、西、南三门的城楼形成三楼并峙。靖边楼扮演了没有城门的北门角色。

嘉靖之后道教比较盛行，在万历四十年（1612）靖边楼重修，当时古城的“协总”孙成“奉玉帝像于其中”，同时添加了钟鼓楼等附属建筑，使其成为了一座有了宗教和民间信仰意义的场所。清朝康熙年间辛卯科进士李予望《玉皇阁》七律诗云：“西望雄关连倒马，南临古塞隐卢龙。凭栏且放看山眼，身到云霄最上重。”诗人登上这座宏伟建筑，极目远眺，似乎连倒马关、紫荆关等雄城关隘也尽收眼底。

蔚州古城原来的靖边楼就是我们今天来到古城，最容易映入眼帘的宏伟壮丽的玉皇阁。

玉皇阁最初的建筑目的，也是为抵御外族入侵，至于何时把“靖边楼”改称为“玉皇阁”，今天几乎无从可考。由于历史变迁，年代相隔已经久远，如今的蔚州古城建筑毁坏严重，从古城墙到古建筑，所剩的已经不多，城壕淤塞，护城河水干涸，城楼及大部分城垣都被毁坏了，但是玉皇阁及其坐落的北城垣依然保存得很好。对玉皇阁全貌的描述，在明朝万历四十二年（1614）重修玉皇阁碑记中有这样详细的记载：“南为山门，而外设壁与门称，内建龙虎殿直其北崎为坊，题金匾曰清微宫。无极大帝之东西向南为钵堂斋舍各三楹，庖厨井臼厦对二者各四楹，层而上翼以钟鼓楼……”

玉皇阁是一座坐北朝南的建筑，全阁分前后两院，近前观瞻，整体平面布局严谨，殿宇高耸。玉皇阁全部建筑布局严整，由南向北依次为四柱三间三楼柱不出头的牌楼一座

（此牌楼毁于抗战时期），以及天王殿、山门、玉皇阁大殿，三座建筑分布在同一轴线上。

前院天王殿为三间两进规模，硬山顶，屋内脊檩下有题额“大明万历二十八，岁次庚子，冬朔月，旦元吉创立。”天王殿东、西有下禅房各三间，为小式硬山布瓦顶。两侧各有小式硬山布瓦顶随墙门一个。十八级石砌台阶，有“包厨井臼厦共六间”，建筑时巧妙地利用了地形的高低差，采用了单坡屋顶式，这也是当地民居常采用的建筑形式。

拾级而上，过了山门到达后院城垣上，前后两院的高差约 3.2 米。山门的两侧分别是钟楼、鼓楼，正面就是玉皇阁大殿。正殿按“明三暗二”的格局建筑，外面离远看是三层，而到近前一看实际上是两层。钟楼、鼓楼的平面为长方形，上下阁楼为面宽五间（24 米），进深四间（20 米），上阁楼四周有游廊，下阁楼有前出廊。

玉皇阁中的壁画上，彩绘人物形象逼真，色彩华美，栩栩如生。

玉皇阁整体建筑为三重檐歇山琉璃瓦顶重檐歇山顶，铺绿色琉璃瓦，正脊是琉璃花脊，中间是三尊青狮白象驮宝瓶，两端为琉璃盘龙大吻。沿金柱位置是用砖砌一圈的檐墙，仅在明间前安有板门。殿内两端是琉璃瓦盘龙，脊上是泥塑彩色八仙。边脊上砌大吻跑兽，四角脊稍下装有兽头，并悬挂着铁铎。

玉皇阁有木柱36根，通贯三层，支撑着楼阁的整体，柱子上部施栏额和普柏枋，普柏枋上施斗拱，上檐和腰檐斗拱大而简单，下檐斗拱相对比较用材要小，看上去好像是重修时更换了的。整个建筑为木架油饰彩绘，远望金碧辉煌，分外醒目。

殿内塑有4米多高的玉皇大帝彩像，玉帝的彩像安宁凝神，慈眉善面，双目狭长，半睁半闭，一手执天书，一手放置膝上，威严中还略带着些许的倦意。东、南、北三面墙壁皆绘有取材自《封神榜》故事的神像画，壁画场面宏大，色彩明艳，人物形象栩栩如生。

玉皇阁前月台的东南角建有钟楼，西南角是鼓楼，钟楼和鼓楼都是重檐歇山布瓦顶，为木架结构。楼阁下置放明、清两朝重修玉皇阁的碑七通，另有明朝嘉靖二十三年（1544）《天仙子》词碑一通。在1959年和1982年该阁也曾进行过维修。大殿虽经多次重修，其主要结构仍保留着明代原建时的原形和风格品质。

玉皇阁是蔚州古城作为边关重镇的象征，它在蔚州人的心中占据了很重要的位置，也具有古城人思念故乡的“蔚城形象”的地位。后来其他城楼毁了就不再重建了，而玉皇阁是屡次得以重修。尤其是到了清代，蔚县已经失去了边关重

同南安寺塔一样，玉皇阁也是蔚州古城的标志性建筑，在蔚州人的心中占有很重要的位置。

镇、京城西线防务要地的意义了，但是玉皇阁依然得到多次的重修，可见蔚州人对它的敬仰和尊重。

太上老君真武庙

真武庙又称北极宫，位于蔚州城西北隅，供奉着道教北方大神真武大帝。蔚县地处京城与河北腹地的中间地带，历来是中原军队与北方游牧民族交战较多的地区，因此对北方战神真武大帝的信仰十分兴盛。蔚州八百村堡的北堡墙或是城门处，一般都建有真武庙，其中蔚州城的真武庙规模最大。

蔚州真武庙坐北朝南，坐落在高约3米的夯土包砖台基上，殿宇禅房转角垣墉环绕相连，形成一个封闭式独立院落。真武庙占地面积2944平方米，在南北中轴线上有两座正殿，东西各两座配殿。院中东部建钟楼一座，西侧建鼓楼一座。

真武，古称玄武，是道教尊奉重要的神之一，最早是北方的星宿神，战国秦汉时期发展为四象崇拜之一的玄武。明朝时由于永乐皇帝朱棣的极力倡导，大力营造武当宫观，真武逐步发展成为明朝的护国神。真武信仰也随之迅速遍及全国，达到了登峰造极的地步，使真武成为在中国民间影响广泛的神祇之一。真武的民间称谓众多，如北帝、黑帝、玄帝、

规模宏大的真武庙（拍照时正在修缮过程中）。

祖师爷、真武大帝、玄天上帝、上帝公、北帝公等，真武庙是宣扬道教的场所，又称为“北极玄帝宫”。

真武庙的北极大殿塑有七星君神像，七星君前各有三个人物，东是金童，西为玉女，他们手持宝幡在前引导，回首引领尊者，手捧笏板，向北朝拜真武大帝。后面有侍童，东男西女，每个侍童手托托盘，男童的盘内托一轮红日，红日中站立一只雄鸡，女童的盘内托一轮黄月，黄月中卧一只白兔。

真武庙的建筑工艺很有艺术特色，它的大殿梁柱架构使用实拍拱，襻间拱，镏金斗拱，明间后部使用了由额，屋顶上覆盖了绿琉璃瓦、琉璃花脊。其中的琉璃吻兽造型形象逼真，通过对真武庙的建筑风格比较鉴别，结合碑文考证，它应是明朝洪武年间的建筑物。

道教在明朝比较盛行，明朝的几个皇帝都很崇拜道教。这与明初朱元璋不推崇佛教有关，也可能与他自己出身佛门有点关系。永乐皇帝朱棣为了树立自己的正统地位，又极力地推崇道教，更是对后世子孙有很大的影响。

护卫城池城隍庙

蔚州城隍庙，也是一处道观。在道教体系中，城隍是保城护邦、驱凶除恶之神，与土地神一样，在中国民间受到普遍崇信。古代神话传说里，城隍乃“水庸”，为冥间神，掌管一个城池。

“城”是以土筑起高墙，而“隍”是用于护城的壕沟。为了能够生活在一个相对安全的环境里，就修城掘壕，筑了城门，蓄起护城河水。古人有敬神的习惯，认为生活环境中到处都有神明的存在，而“城隍”的主旨是护卫城池，是保佑老百姓的神。古代每个朝代的政府，都会把“城隍”列入祭祀的典章里，说明古人对城池的安全非常重视。

蔚州城隍庙是在明朝修建的，规模与形制比不上佛教寺庙释迦寺，也比不上祭祀国学先圣孔子的文庙，它的占地面积仅仅为释迦寺的一半，建于蔚城小街上，名曰隍庙街。

城隍庙的方位是坐北朝南，由南北两进大院和东西两个小院组成。这样的布局设计，充分保持了以中轴线为主体，两边对称的建筑风格。庙的山门面阔为三间，进深一间。院内有木牌坊及戏楼，还有左右两小间建筑为马童庑，内塑骏马和马童的泥像。

戏台为平地戏台，每年城隍出巡时，要唱大戏来酬神。后寝宫是城隍庙独有的，寝宫是“一主两从”、左右对峙的格局。寝宫正中并坐着的是城隍爷和城隍奶奶。东侧为膳房，两侧是寝室，并塑有一组侍女，各执灶具，各司其职，造型姣好，形象逼真。据老人们回忆，过去城隍庙的庙会很热闹，庙会上有舞龙的，舞动着两条五爪金龙腾空而起，还有面人做的东海龙王、龟丞相和虾兵蟹将。

中国人信仰城隍由来已久，周朝时就腊祭水庸神，也就是城隍神。在三国时期的记载中，出现了专门修建的城隍祠。到了唐朝，民间信仰城隍已经很普遍，杜甫、韩愈、李商隐等文人雅士，还曾经撰写过祭祀城隍的诗文。由于百姓都盼望官员能够体恤民意，所以有些政绩出色、颇得民心的官员去世后，还被奉为城隍神，加以供祭。

明朝皇帝朱元璋对于城隍神也是非常敬重，他在洪武二年（1369）发布诏告，加封天下城隍以王、公、侯、伯之号，还给城隍制定了都、府、州、县四个等级。朱元璋为什么要这样做呢？有人说，是因为他出生于土地庙，所以就对城隍格外敬畏。但他还说过“朕立城隍神，使人知畏，人有所畏，则不敢妄为。”由此可以看出，推崇城隍神的初衷，是为了帮助朝廷实行治理，令百姓不敢随意作为。

城隍文化的内容是非常丰富的，这在蔚州城隍庙也有充分体现。各地的城隍庙里，大都挂有匾额和楹联，内容多是颂扬城隍神的功德，劝人积德行善的，如“阳世阴间，积善作恶皆由你；古往今来，阴曹地府放过谁。”此外，庙里还有雕塑、壁画、碑刻等，也强化了这种氛围。

古代中国，城隍信仰在朱元璋等帝王的推崇下，更加兴盛，城隍庙也遍及各地。

道教全真派老君观

道教全真派在道教中是一个重要教派，祭拜的主神是太上老君等。蔚州老君观坐落在城南，在南关东街老君观巷，这条巷子也是因老君观命名的。

这座老君观初建于清朝光绪年间，分前后两院，为坐北朝南的建筑。道观门的两侧塑有高大的护卫神像，前院与后院之间，由一座木制牌坊隔开。木牌坊上悬挂一块匾额，上面刻有“道通玄化”四个字，显示出道教的特点。

蔚县暖泉镇内砂子坡村，也有座千年道观——老君观。

位于暖泉镇的千年道观——老君观。

老君观院中的珍稀老树，当地人称为“十月红”。

这座道观是蔚县道教建筑中，文化内涵较为丰厚，规格较高，保存也较好的一座。据传这座道观始建于金代泰和年间，是金国四太子金兀朮的前哨行辕。元代元真年间、明代隆庆年间和清代乾隆年间曾多次复修和重建。砂子坡村的道观不像蔚县村堡里多数的古建筑那样破烂不堪，是因2003年由道教弟子出资对道观进行了抢救性的修缮，使这所历经元、明、清三代，已经濒危的古观得以恢复原貌。

这座古观后院有一珍稀观赏树种，当地人称其为“十月红”。树高近10米，树干直径约0.5米，广展的树冠枝叶茂密。这棵古树长得有一个特点，就是枝杈按照一变三、三变九的几何规律，自然向上伸展，组成无数个大大小小的V字形图案。据林业部门考证，这棵树已经生长了800年以上。古观里的古树，到了秋天火红如血，特别是在映红西天的晚霞照映下，颜色更加迷人。

夏源村堡财神庙

蔚县西合营镇夏源村的财神庙，是一座不大的小庙。像这样的小庙，在蔚县差不多每一座古村堡里都有几座。这座财神庙坐北朝南，现存有前殿、正殿和东、西配殿。财神庙虽然很普通，却因为2009年时在东、西配殿的南北山墙上，发现了绘制完整的《百工图》壁画而轰动。

蔚县有堡就有村，有村就有庙，有庙就有壁画。遍布大大小小庙堂、题材丰富的壁画，自明、清时期一直延至民国时期的都有。财神庙保存有64幅《百工图》，庙内每面墙高2.2米，宽2米，绘制16幅，为4行4列分布，每幅画长宽各0.5米。画面分别以墨线相隔，右上角有榜题。图幅数量虽不到一百，但其内容所描绘的百工执事、市景百态，却没有比用“百工图”称之更为恰当的了。

百工图壁画（部分）

百工图由一幅幅小画组成，每幅内容不同，均有毛笔题名。题名有三个字，也有四个字的。三个字的有豆腐

百工图中的一幅小图“弓箭铺”。

房、剃头房、饧糖房、饼面铺、弓箭铺、铸铁铺、切烟铺、毡帽铺、粟粮店、漂布店、生药店、柳器店、瓷器摊、漏粉局、裱糊局、估衣局、成衣局、首饰楼、分金楼、哑医堂、砖瓦窑、黄纸坊、锡工行、泥工行、书籍斋，以及读书林等。四个字的有烟火炮铺、杂货俱全、脂肉俱全、水中生色、描画丹青、游巷贸易、玩童耍货、改换缨帽、精选木料、修造渡船、修造轮舆，以及修造风匣等。

财神庙始建于清朝初年，财神庙东、西配殿在同治年间经过重修。因此，蔚县博物馆李新威馆长认为，《百工图》壁画应该是在这次重修时绘制的。壁画虽然年代不是很久，但是它丰富的生活内容和精细的画工，真实地复原了清代末期的社会生活。

从蔚州城内、城外的诸多庙宇中，足可看出古城历史文化的昌盛繁荣。

百工图中的一幅小图“烟火炮铺”。

蔚州

被岁月掩埋的往事

THE DUST-LADEN PAST

第六章

蹁跹起舞的民间社火

去蔚县过年，近年来已经成为北京人的一个新选择。在蔚县过年，可以看到一些只有在历史资料里才能看到的民俗活动。民俗所反映的过去人们的社会生活情景，吸引和刺激着现代的参观者。

民俗活动是人类对祖先、对自然神的宗教般的崇拜，在过去的中国随处可见，今天在大城市已经很难看到原汁原味的民俗活动了。有学者认为“人是民俗的动物”，今天的人与历史上人们群体活动和生活方式，都有着密切的联系，所以今天人们还会对历史的内容给予很大的关注。民俗文化是一个民族的文化史、社会史，感受这份历史文化既有人们的好奇心，也成为今天的一种生活兴趣。

蔚县的年味很浓，在这里过年，看着农家小院的大门，都挂着艳红的灯笼，在冬天的风里特别耀眼，家家玻璃上贴

舞龙是蔚县过年必不可少的场面，既温馨又热烈。

(右页图)蔚县的民间社火活动，深刻反映着当地人的信仰，凝聚着生活乐趣。

的剪纸，特别喜庆。伴着锣鼓声声，一队秧歌表演队从街角那边走来，每个人都有序地演绎着自己的角色，展示着节日的喜庆。游人踩着满地的七彩花炮纸屑，吃着各式各样的地方小吃，可以一直玩到耳朵和眼睛都疲惫至极，但依然会恋恋不舍。

民间社火是蔚州传统文化的重要组成部分。在古代，人们把生养万物的土地尊为“社”，祭祀土地的日子叫做“社日”，人们在祭祀土地的同时，还要举行“社火”、“社戏”等活动酬神祈福。这种古老的习俗，在中华大地已经保存得不是很多了，而在古风犹存的蔚县，社火却以民间的形式流传至今。

蔚县社火受黄河流域、黄土高原民间社火的影响，独创了具有地方特色的形式，集民间文学、美术、工艺、音乐、舞蹈于一体，融地方文艺活动、特色秧歌、小戏表演等于一身，内容丰富，形式灵活多样，有鲜明的民俗风情和地域习俗特色。

蔚县的民间社火深深扎根于蔚州人民日常生活劳动中，深刻地反映了这一地区不同民族的劳动生活与信仰习俗，凝聚着民心民意和民间娱乐的兴趣，同时还会起到推动地域文化协调发展的作用。

引人入胜的下元皂灯节

下元皂村在每年的元宵都要举行灯节，已有一千多年的历史了。灯节，是指元宵节闹花灯，这种习俗在民间很普遍，但蔚县的下元皂村的灯节是独特的，也别有异样的情趣。

下元皂村正北有一个基台，上筑有高阁，人们习惯称此高阁为“灯山楼”，灯山楼的东、西、北三面都是用砖砌的墙，唯有南面是敞开着的。楼前有楹联一副：“管弦喧夜千秋岁，罗绮填满百种香”。楼顶檐下垂挂细纱帘幔，灯的内容随节日日期的变化而变化，正月十四展出四时如意的内容，十五夜是元宵节，要呈现五谷丰登，到了正月十六晚，显示的是弥勒佛像。

每到夜晚降临，灯山就金辉耀眼，夜喧灯明，人沸如潮。整个灯山楼前人头攒动，人们个个艳装新容。当一阵鞭炮响过之后，走出一名壮士，他头戴竹笠，身穿翻皮的皮袄，身背火拍子。令人眼花缭乱的是喷射出的红、黄、绿、蓝四色火球和一支支金色耀眼的火线，火线穿梭来去，火花飞溅四面八方。这时有人大叫一声：“灯光先行，凭此开路！”

只见火花落溅后，显现出一条绿色光泽的巨龙形象，一双巨眼，喷射两道白光，如血盆般巨口张开，翻转腾挪，飞舞起来……然后是一位身裹青衣的勇士表演逗龙舞，再涌现出唐僧师徒四人做各种表演，再后面是舞狮，跑旱船。

这里的旱船可不是一般的船，是一只彩饰的龙船。龙船

剪纸作品中的民俗“跑旱船”（李宝峰作）。

里的支柱上还有一副对联，书有：“月牵农家千年影，夜系长街十里灯。”随后是一条破船，坐着老年的花婆子，手舞烟袋……活龙、雄狮、花船、彩灯、还有唐僧师徒四人，聚集在广场之中。此时会有很多人汇聚来，拿着各种道具，又舞又跳，场面异常热闹，还有黄马、骆驼、毛驴、推车，鱼贯而入，做各种表演。

最后还有红鱼、黄虾、黑蟹的灯景，结成两排，缓缓出场。八位仙女手握红绸飘飘欲飞。再就是棉公棉婆来了，二人都是用棉花修饰形象，身穿彩衣，棉头发、棉眉毛、棉口鼻……他们配合着表演，平添着乐趣。

下元皂灯节历史悠久，据说始于唐宋，盛于明清，一年一度的正月十五闹花灯习俗异常红火。

向神灵祈祷的活马舞

社火是蔚州传统性的民间活动，最初只是源于民间祭祀。在民间传统节日或农户家里每遇婚、丧、嫁、娶等重大事件时，都会以歌舞演唱等表演形式来纪念或庆祝，有时也是为向神灵祈祷，祭祀祖先。起初，社火的形式多种多样，种类繁多，慢慢地社火就更趋向年节里的喜兴与庆祝，成为民众广泛参与的民间文艺表演。

“活马舞”是蔚州社火中被称为“一绝”的表演，这是一种既可以群众集体表演，也可以由个人单独表演的传统节目。这种古朴而神秘的表演，透着农耕与游牧文明融合在一起的文化特点，有着独特的美。

剪纸作品中的民俗“活马舞”（李宝峰作）。

表演“活马舞”所要使用的道具是一种农民自制的“马”，使用的原料有竹条或柳条、糨糊、白麻、色纸等。用竹条或柳条蘸了糨糊，用白麻将其捆扎成“马”的形状，再用色纸将其糊裱（马背、马腹间留空，是给表演者留出上身的位置），为了让马的形象逼真，还要用彩笔在马头画上鼻子、眼睛和嘴巴，在尾部安装个假尾巴，再挂上一串小铃铛，这样基本就可以由表演者上身表演了。

夜间表演时，还需要在马的头、臀的内部各点燃一支蜡烛，马在灯光的透照中，尤其活灵活现，观赏效果更佳。表演“活马舞”时，“活马”的数量一定是要成双的，便于配对表演，如四对、六对、八对，或者更多，这要根据现场表演的场地、参演人数，以及表演规模而定了。而且表演场地有多种选择，随“地”都可开辟为“活马舞”表演场，如沿街表演，在村堡的小广场表演，在较大的街心空地表演和入户表演等。入户表演一般是根据主人的需要才会安排的。

根据场地不同，“活马舞”的表演形式与“舞”的特点发挥也是不一样的，街市上比较适宜蹈彩舞、列队舞、倒回舞和摆阵舞。“活马舞”在表演时还有演唱，就是边舞边唱，集体舞先开场子，装扮成各种戏剧中人物表演，在打击乐的伴奏下，开始了表演，主要形式是模仿马的各种动作特点，有惊无险的场面，活灵活现的表演，“细丝十八槌”的打击乐，将活马舞推向高潮。

五彩缤纷的打树花

正月十五，蔚县暖泉镇北官堡的堡门前，有一个小广场，元宵夜降临，只要站到城门对面就能看到，前面穿过门洞就是一排红灯。这是堡内的大街，那排红灯把堡街映得神秘朦胧，这个夜晚，北官堡要进行新鲜、刺激的打树花表演。打树花是北官堡具有保留性的独特民间奇俗，不仅在蔚县是独特的，就是在全国，也是难得一见的元宵夜景观。

蔚县暖泉镇北官堡门，打树花活动的场地。

打树花的表演者都是特选的，几个虎背熊腰的汉子，在上演时，都是头戴草帽，身披翻毛皮衣，腰上系着粗绳，脚上罩着布片，显得十分威武。这些民间艺人集体亮相后，马上就有人抬上一张摆满祭品的八仙桌，然后按长幼举行磕头的拜祭仪式，以拜祭神灵保佑生活在这一方水土上人们幸福平安。仪式后就开炉放水，打树花正式开始。

朦胧天色下古城墙影影绰绰，由两人抬上一个火砖煲，里面盛满了熔化的铁水。有一只大木桶里装满了水，浸泡着十几把长柄柳木勺子，然后几个人分先后按顺序拿长柄勺子舀铁水，甩腰抡臂用尽力气将铁水泼上朦胧的城墙上空。

瞬间，出现在夜景中的奇观景象，令所有的观众兴奋不已。红黄的铁水，泼洒到城墙上，碰撞到铜墙铁壁般坚固的城墙之后，形成横空飞起的焰火。一束束金黄色的火花在夜空中绽放，划成无数条交织纵横的彩线，在天空编织出美丽的景象，令观赏的人群中爆发出一阵阵惊喜赞叹的呼声。

打树花的几个汉子轮番上阵，猛泼铁水，而且不断变换招式，互不示弱，一个更比一个身手好。铁水泼得越高，散开的光线越舒展、细密。飘洒的铁花，消融了夜空的寂静，铁花散尽时一切又都戛然而止，安静惬意。

同所有的民俗一样，北官堡打树花起源于何时，也无从考证，人们口口相传的是起源于明代。蔚县过去还有其他地方有过打树花，今天只有暖水泉镇北官堡保留了下来。过去古人用这种奇特的方式来表达心中的美好愿望，祈盼城堡可

打树花过程中火花飞舞，过去古人用这种奇特的方式来表达心中的美好愿望。

以像铜墙铁壁般的坚固。这是一种独特的娱乐构思，很有创造性。

现在，北官堡的打树花，有了更奇特的发展。民间艺人通过试验发现，铁水散开，是红色和黄色的花；铜水散开是绿色的花；铝水散开是白色的花。艺人们把铁、铜、铝合在一个锅里，融化开后再用来打树花，天空呈现五彩缤纷，更是耀眼夺目。

已经不知道自己看过多少次北官堡的打树花了，每次都是那么兴奋。我相信，今后人们的生活无论有多大的改变，都依然会被打树花这个澎湃着生命激情却又古风犹存的场面所震撼。看过蔚县打树花的人，都会感受到发自内心的冲动，从这古朴醇正的民俗中，获得极大的愉悦。

祭祀火神的拜灯山

上苏庄村堡北端有一座土台，上面建有一座三义庙，庙前台阶很陡很直，殿前还有一副对联，上面写着“三人三姓三结义，一君一臣一圣人。”在蔚县的乡村，三义庙很多，人们推崇着诚信、仁义，来维护民间的纯正之气。

据说当年建上苏庄古堡时，风水先生透过当地环境，看出了一条由东南向西北走的“龙脉”，依此布局，建筑古堡，会兴旺发达。但是龙脉直通南北，怎么处理呢？在五行八卦中，有的龙的“首”、“尾”都在土位，火生土，于是就在南端建了一座“灯山楼”，同时又担心火太旺了，于民不利，于是又建了一座三义庙，相传刘备为火神星，可起到压火的作用。

这样就引来了一个与灯山楼相关的，属于上苏庄村堡独有的民间习俗——拜灯山。这里的灯山指的就是灯山楼，即堡南的火神庙。拜灯山的仪式就是祭祀火神，敬火神的祭祀在民间并不新鲜，可是上苏庄村堡的敬神仪式却很独特。

拜灯山在每年的正月灯节举行。这种民俗仪式分前后两部分，先在灯山楼前举行敬神仪式，再到村口戏台广场去听戏，人们载歌载舞欢庆。灯楼其实是座神庙，却只有用灰砖砌的一个神龛，还有放碗用的一条条横木，排列得密实，平时并不放灯碗。

在拜灯山仪式的前一天，艺人要按一定笔划在木架上摆好灯碗，点亮那些灯碗，就会呈现出闪闪发光的文字与图案，文字皆为“五谷丰登”、“四季平安”等吉祥话。这些吉祥话意思虽然一样，但文字却年年都有所变化。

在这个晚上，堡内大街跨街悬挂的方形纸灯也要点亮，这些饰着彩花彩带、写着吉祥文字的纸灯，一般是连挂十二盏，而闰年挂十三盏，寓意为月月平安。堡北面坐落高处的三义庙的灯也亮起来了，如同天上的启明星升起，晶亮如

上苏庄村堡独有的民间习俗“拜灯山”。

炽，堡内各小庙开始燃灯点香，一种神秘的气氛笼罩，此时拜灯山正式开始。

先是由三位艺人手持着蜡烛爬上楼梯，由上而下，把楼梯上的每节横凳上的油灯点着。亮灯后，文字就按顺序一个个闪现出来了。此时人群欢呼声高涨，然后艺人们拉上纱幕，只见灯光朦胧、风吹帘动，好像真的进入了仙境，光影分外生动，美妙至极。

此时锣鼓喧天，一群盛装艺人来到灯山楼，簇拥着一个“灯官”。灯官是要选一个“全科人”（指亲人齐全）来充当的，

剪纸作品中的民俗“老王八戏老妈子”（李宝峰作）。

坐在轿上，由四名“衙役”抬着，后跟一些文武戏班的人。

灯楼前，一行人列队、设案、焚香、作揖、施叩礼，敬拜火神，众人态度庄严虔诚，仿佛火神驾临，有人大声吆喝三声：“拜灯山喽！”再就是有一对扮丑的“老王八”和“老妈子”，他们衣着古怪，扮相丑陋，这一男一女，表演起“老王八戏老妈子”。当地人讲，这两个人是有角色背景和来历的，即远古神话时代的北方之神玄武及其妻子。

上苏庄村的拜灯山是蔚县摆灯展的代表。暖泉、桃花、吉家庄、宋家庄和柏树等乡镇，元宵节前后都摆灯展。灯盏都是用瓷盘或小瓷碗，盛着棉捻的食油，放在圆形筒状彩条灯笼里的小薄木版上。一般的灯盏，都摆置在墙头、井台、窗台上，只有摆灯山、布灯阵，陈设于庙宇和戏楼前。民间有平年摆 360 盏灯，闰年摆 390 盏灯的规定。

灯山一般在竖起的两根木杆上，分层横搭数条木板，四周加灯框，形成 4 米宽、6 米高的主体，各层横板陈设灯盏。布灯阵又称“九曲黄河图”，等距设木柱，驾起横杆，形成弯曲行道，各柱安放灯盏。

拜灯山既热闹又有文化内涵，还有传奇色彩，是一种充满神秘感的风俗形式，也是人们对命运、对神灵的一种崇拜形式，显示出来自民间的一种对民族文化精神的想望与追求。

“点杆”祭祀雹神李左车

2011年的农历二月初七，冰天雪地的代王城举办了传统焰火晚会“点杆”。代王城的年俗活动与别的地方不同，一般的地方是过完正月十五就算过完年了。蔚县代王城要等二月初七“点杆”祭雹神后，整个年俗才算结束。

“点杆”是代王城镇悠久历史文化积淀中最具有特色的一项民俗社火，已有500余年的历史，至今依然为代王城增添着古风的韵味。每年农历二月初七晚，在镇区西南的一块农田地里燃放杆炮，祭祀雹神李左车，祈求当年风调雨顺，五谷丰登。

古书记载，清朝光绪十三年(1887)，印光大师朝五台，至蔚州，所见蔚州夏秋间，每雨必有小雹，如小豆。其村小庙有僧人，夏秋时不许闲人入庙，僧人按时诵经咒，多为“念苗经”。可见历史上蔚州每年雹灾也很严重。村民为“虔诚恳祷冀时雨而降，精专祝祭免冰雹以敛收”，就有了自己独特的祈雨活动和“点杆”祭雹神活动。

全国不少地方都有敬雹神的例子，但其形式大都是在龙王庙里祭雹神，唯代王城独特，在农历二月初七这天以“点杆”来祭祀雹神。“点杆”当天，十里八村的百姓都来参加祭典，从侧面反映了人们勤劳淳朴、重视农业生产的农耕文化传统。

焰火由方斗、大杆、紫荆树等组成，“点杆”就是在长

竖起高杆。

长的直立木杆上，捆绑数根横担，平年 12 层，闰年 13 层，每层上绑有各种不同的花炮。燃放时，造型各异，各取名称，如“百鸟朝凤”、“飞流直下”、“五谷丰登”等，五颜六色的烟花，异彩纷呈，非常壮观。

关于“点杆”祭雹神的由来，在蔚县民间还流传着一

燃放杆炮

个故事。代王城过去并没有集市，后迁入到东堡的七甲张，通过年复一年的辛勤耕作，拥有了百倾良田，成为了富甲一方的庄家大户，由他创办了代王城的集市。起初是因为七甲张家库存的万石五谷杂粮，仓储的千斤白麻，需要到市场上销售。谷米出手、白麻上市要车拉马驮，运往五里外的集市进行交易，因此七甲张萌发了创办集市的念头。

开始时，七甲张派人串庄走堡，张贴代王城开集的告文，承诺凡上市代王城的各种商品，当日售不完的，张家均以市价收购。这一招果然奏效，集市一开就来了不少的人。

代王城的集市是五日一集，集日为二、七日。七甲张原准备利用过年开集，可是他知道村民讲究“坐正月”，商家讲究“守正月”，正月初二不能开集。何日开集好呢？后来经过考虑，张家决定借二月二龙抬头之吉日，为民热热闹闹唱五天祈雨避雹的好戏，二月初七红红火火“点杆”开集。于是，二月初二和二月初七这两天，代王城就汇集了十里八村的百姓，来参加祈雨和祭雹神。

开集后街面虽然没有冷落，却也不算红火。原因主要是到代王城来要跨过壶流河，大车小驮的很不方便。为此，七甲张出资架起了一座连接河南河北的壶流河大桥，引来了北坡千家万户来代王城赶集。从此，代王城集市之繁荣居蔚县城、西合营等集市交易额之榜首。

点旺火“旺气冲天”

在除夕和元宵节时，蔚县农村和山西的雁北地区农村一样，家家户户都在院落门前用大块煤炭，垒成一个塔状的空心煤堆，在空心的部分放入干柴，名曰旺火。有的地方，只用谷杆，取意“节节高”。在旺火的外面，贴上大红字条，上写“旺气冲天”、“吉祥如意”、“发家致富”等字，午夜鞭炮齐鸣之时，将旺火点燃，以图吉利，祝贺全年兴旺之意。

黑夜中点燃后的旺火，十分漂亮。红红的火苗从上下煤块的孔隙中喷出，很是壮观。成群的大人和孩子们围在旺火周围，有说有笑，很是热闹。孩子们走街打闹着到各家去看旺火，看谁家的旺火堆大，谁家的旺火着得旺。

生旺火也有很多的讲究，首先要选取好煤。年前要选好

剪纸作品中的民俗“点旺火”（李宝峰作）。

优质原煤，精心切割成整齐方块；其次是码放的造型要美观，垒旺火是一个技术活，要垒成底小、肚大、顶尖、内空的宝瓶形状。好的旺火，可以做到煤燃烧净尽之前，不倒不塌。

关于点旺火的由来，还有一个很美好的故事。相传有一年大旱，庄稼绝收，到处都是饿死的穷人。有个穷小伙子给财主家干了一年活，到年根却一分钱也没有领到。大年除夕，饥寒交迫的小伙子，一头栽在炕上就昏睡过去。

他迷迷糊糊地觉得有个黑脸汉子走进屋来，取下身上的宝葫芦，向小伙子口中倒了一股水。小伙子一下精神起来，既不饿也不渴了，只听那人说：“今晚，你在院里放一堆煤，鸡叫三遍后，把煤用火点着，明年的日子会越过越红火。将煤燃烧后的灰烬撒进地里，明年的庄稼一定会丰收。”小伙子问：“你是谁？”那个黑脸汉子答了一句：“铁拐李。”

小伙子醒过来，睁眼一看，铁拐李早已无影无踪。他爬起来觉得浑身是劲，一会就在院里堆起了一堆煤。正要点火时，他突然想：“不能只顾自己有好日子过，要让村里的穷人都过上好日子才行。”他又挨家挨户告诉大家这个消息，让大家做好准备，午夜时一起点火。说来也怪，当年除夕夜在院子里点过煤火的人家都丰收了。从此以后，点旺火的民俗就保留了下来，世代相传。

点旺火时还会有些老人，领着全家站在旺火边，拿着准备好的柏枝，一根一根地加到旺火堆上，嘴里念叨着吉祥话：“财源茂盛，儿孙满堂。”这个仪式叫“添财”。“柴”和“财”谐音，在民间“添柴”就是“添财”。全家人都会跟着老人，依次给旺火加柴，表示人人都添财。太小的孩子，也要由大人抱着给旺火“添财”。

点旺火源自上古时期对火的崇拜，相传始于祝融时代。祝融，神话传说中的古帝，以火施化，号赤帝，后人尊为火神。有人说祝融是古时三皇五帝中三皇之一，是他传下来的火种，教会了人类使用火的方法。点旺火兴于商周，盛于唐宋，一直延续至今。

点旺火与人们的生产生活没有直接的关系，但是作为一种民俗，它与人们长期形成的思想紧密联系在一起，成为中国传统民俗文化的一部分，在人们的思想中已经根深蒂固。

过大年品尝美食风味

到蔚县过大年，看社火，一定不要忘了品尝蔚县别有风味的美食。我喜欢到有特色的小街小巷，去体验蔚县的风味小吃。吃这些街巷里做出来的小吃，才能感受到正宗的滋味。

蔚县人的日常饮食，过去主要是以谷、黍、玉米、高粱、土豆等杂粮为主食，腌菜、豆腐干、炸豆腐为副食。现在，生活水平不断提高，白面、大米成了家常饭，加上多种新鲜蔬菜、肉蛋等，营养丰富的美味佳肴丰盛起来。大鱼大肉吃多了之后，人们突然发现，蔚县的这些糕、糊糊、豆腐干竟然是那么的好吃。

“早晨粥，晌午糕，黑夜糊糊煮山药”，这是蔚县人过去的日常膳食标准。粥，是小米煮成的稀饭，小米干饭也很受欢迎。蔚州的小米在明、清两代是贡品，以籽粒大、黏性好、色泽金黄、营养丰富而著称，蔚州贡米现在已经成为一个著名品牌。

糕是蔚州人最爱吃的午餐，既有营养，又耐饿。用高粱面做的糕叫高粱糕；黍子不去皮磨成面做糕叫毛糕，去皮磨面做糕叫黄糕。过去蔚县人吃糕，把蒸熟的糕放在瓷盆里，用手捏起一块，蘸凉水撮成团，然后沾菜一块一块地吃。黄糕是蔚县人招待尊贵客人必上的食品。有句俗话讲“三十里莜面，四十里糕，十里荞面饿断腰”，讲的是吃黄糕耐饿。

将黄糕分段捏成饺子皮状，包入豆馅或红糖，捏成圆形或三角形，炸成金黄色食用，称为油炸糕。过去这是逢年过节、婚丧嫁娶、迎宾送客、盖房上梁、老人做寿、孩子满月的必备饭食，俗称吃喜糕。吃黄糕在蔚县已经成为一种民俗文化。

将谷、黍、玉米、豆类等小杂粮，炒至半热，然后再磨成面粉，叫糊糊面。用热水冲着喝或熬沸后喝都行，叫喝糊糊。这种食品既有助于消化，又可以解除疲劳，是晚餐的最佳选择。

蔚县有一句家喻户晓的民谣，“山药可是宝中宝，怎么吃怎么好”，多年来无数次听蔚县朋友说这句话。关于山药的吃法，蔚县也有很多民谣，如“山药熬茄子，香死老爷子”；“腌菜煮山药，吃了胃口好”；“凉拌山药丝，吃了美滋滋”等。可见，山药在蔚县人的生活中有多重要。

蔚县的山药，确实好吃。尤其是将山药磨成粉做成粉条、粉皮和粉丝，用山药擦成丝，包莜面饺子也很好吃。山药和莜面和起来，捏成团做成的山药丸；山药与莜面和在一起，放入调料、葱花等烙成的山药饼，也很受大家的喜欢。

蔚州风味食品，还有荞面饸烙，用温水将荞麦面和成面剂，用饸烙床挤压成条状入开水锅，煮热捞出配以汤料食

（左页图）集市上的风味食品。

用。小米煎饼是将小米磨成面粉，再用温水烫成面糊，加食盐、花椒面等调料，在加热的煎饼烙上摊成薄饼。

水晶粉坨是一种凉食，有用荞麦面制作的荞麦粉坨和苦荞麦粉坨，有用豌豆面制作的黄粉坨，还有用豆粉面制作的白粉坨。将粉坨切成条或块状放入碗内，加上香油、陈醋、芥末、辣椒油等调料，是一种柔而不黏、滑而不腻的美味。

五香豆腐干，是所有到蔚县的朋友必吃的食品，很多朋友还会买一些带回家慢慢吃。将豆腐切成长条或长方形小块，晒至半干后，用清水浸泡，然后放入盐、花椒、茴香、大料、肉桂等调料，慢火煮3小时左右即可。五香豆腐干有软有硬，软的瓷实，硬的筋道。咬着吃越嚼越香，拌着吃味美可口，既可作为下酒菜，又可随便嚼着吃。大街上有很多卖五香豆腐干的，都是一边煮着一边卖。

到蔚县不要忘了尝一尝蔚州“大木瓜”。虽然叫木瓜，其实是一种杏，因个大如瓜，所以叫“木瓜杏”，蔚县人称为“大木瓜”。“木瓜杏”无筋、皮薄、肉厚，含汁量大，口味酸甜。据说，清朝时曾是朝廷贡品。

蔚县不同的乡村，还有一些特殊的饮食习俗。例如革沟堡一带吃南瓜不像别的地方那样烩着吃，而是切成条，上锅蒸着吃；阳眷镇的人们吃莜面饺子，不管是什么馅，一概不放任何调料。饺子蒸熟之后，沾着又酸又咸的菜汤吃。

不得不说的还有蔚州的传统名肴“八大碗”。蔚州人婚配嫁娶、宴宾会客，上至官府，下至庶民，都把“八大碗”

到蔚县旅游的朋友，都应该来品尝一下这味美可口的五香豆腐干，既可下酒，又能作为零食随便嚼着吃。

视为特别讲究而又阔绰的名肴。八大碗是八碗名肴，分别为五色相间的“丝子杂烩”、肥而不腻的“炒肉”、满屋飘香的“酌蒸肉”、荤藏素裹的“虎皮丸子”、肥瘦相兼的“浑煎鸡”、鲜嫩别致的“块子杂烩”、调味精美的“清蒸丸子”，以及素淡清香的“银丝肚”。

“八大碗”的前五碗是荤汤菜，调味浓郁，甚饱口福。后三碗是清汤菜，清淡爽口极振食欲。过去生活困难，很少能吃上肉，所以“八大碗”十分受欢迎。现在人们越来越注意食品养生，不太吃这种大荤的菜。蔚县人把这“八大碗”改成了“八小碗”，既可以饱口福，又不用担心肥腻。

后记

太阳每天东升西沉，周而复始，亘古不变。天空下面的土地，特别是存在于土地上的人和物，发生着巨大的变化。随着社会发展的速度越来越快，今天我们已经离昨天越来越远。

近30年来，已经不记得去过多少次蔚县了，但面对蔚县厚重的历史文化，依然感觉自己仅仅是走马观花。以后如果有机会，依然会选择到这里来。

人类永远是往前走，却也永远都会往回看。没有一直往前走、不回头看的人。现在由北京来蔚县过年的游人越来越多了，华灯初上，静静感受着塞北的寒冷，面对斑驳的老墙，听那高亢的乡村曲子，尝着清泉泡的香茶，一切尘埃尽散，感觉心空无物。其实，春、夏两个季节来蔚县也很美，走在田边的地垄上，凝视着古村堡外的一片片绿色的庄稼，望着没有一丝污染的明媚阳光，看淡淡的白云飘向远处的山峦，舒服极了。

蔚县的景色之美，美在其浓郁的历史和民间文化上。这是一种真实而又遥远，平淡而又美丽的文化。这个宁静的地方，用宽厚的胸怀接纳着城市来的疲惫游客。

现代大城市遗忘了的淳朴老农，没有一点怨言，甘愿生活在这个相对要落后得多的地方，并保留着自己的天然秉性。城市和乡村是生活的两端，在越来越多的人渴望城市的时候，城市却已经很难感受到那份乡村的可爱了。城市里的人，有了钱又有了时间，才想到乡村来，寻找失去已久的那份朴实。

蔚县民间文化的辉煌是蔚县人民创造并保护下来的人文美景和文化遗存，今天还有很多人做着这项工作。

古建筑是古城生命的记忆，多少代人曾在这里出生、离去，多少代人走进这些建筑，又从这里继续出发前行。随着城市化进程的加快，一些古城在“旧城改造”的过程中被拆掉了许多历史建筑。我们应该认识到，这些古旧的城市建筑，是一个历史文化城市的“根”，拆除了这些古老的建筑，古城就失去了自己的“根”。

我认识的蔚县朋友，为蔚县的历史文化和民间艺术的保护与挖掘所做的工作，令我感动。他们曾经一起为蔚县的发展笑过、哭过，他们都很怀念一起肩并肩走过的岁月。我们要铭记和感激这些在历史上或是今天为蔚县的发展作出贡献的人们。

作为蔚县的政府顾问，我很不称职，没有为蔚县的发展出多少力。不过我一直在想，蔚县有如此悠久的历史，如此灿烂的文化，有很多好东西，如剪纸、打树花等，但如何让世人了解，如何推动文化产业发展，还是一个很大的问题。

所以我想写书，想让更多的人了解蔚县。写这本书，对我来说已经成了特别快乐的事。就像自己在给自己讲历史故事。

写作期间，重新看了不少有关蔚县的书。真的要感激所有为研究和宣传蔚县付出过心血的人们。这本书里的一些内容，就来源于他们的研究，包含着他们的付出和贡献。把自己书桌上摆着的有关写蔚县书的书名记录下来，我们会永远铭记他们的工作。

最后，我还想说一说田永翔老先生，他已经 76 岁了，身体也很不好，却时刻关心着蔚县剪纸事业。我去他家时天还很凉，他拉着我的手，到很冷的西屋去看他几十年来收藏的剪纸。

新开馆的蔚县剪纸博物馆的藏品，还不及老先生自己藏品的零头。田先生收藏的这些珍品，就是一部蔚县剪纸艺术史。只可惜目前还在一间又潮又湿的老房子里，有些点彩剪纸，颜色已经浸漫，非常可惜。

真心希望我们的传统民间文化后继有人，能得到全社会的重视和保护，让一代剪纸大师王老赏的悲剧不再重演。

参考文献

[1] 田永翔，刘建军． 中国剪纸瑰宝蔚县窗花 [M]. 北京：中国戏剧出版社，2003.

[2] 蔚县宋家庄镇文化遗产保护抢救委员会. 民间文化之乡——宋家庄. 蔚县宋家庄镇，2005.

[3] 刘徙 . 张家口知名的历史人物 [M]. 北京：党建读物出版社，2007.

[4] 罗德胤 . 蔚县古堡 [M]. 北京：清华大学出版社，2007.

[5] 田永翔，冉凡. 壶流河畔的点彩窗花文化 [M]. 北京：科学出版社，2009.

[6] 王奕祯 . 蔚县秧歌调查与研究 [J]. 山西师范大学学报，2009.

[7] 王一伟 . 蔚县剪纸装饰艺术研究 [J]. 苏州大学学报，2005.

图书在版编目(CIP)数据
蔚州：被岁月掩埋的往事 / 董耀会著．—北京：北京大学出版社，2013.1
ISBN 978-7-301-21703-0

Ⅰ.①蔚…　Ⅱ.①董…　Ⅲ.①蔚县—地方史　Ⅳ.①K292.24

中国版本图书馆 CIP 数据核字(2012)第 295181 号

书　　名：蔚州：被岁月掩埋的往事
著作责任者：董耀会　著
策 划 编 辑：莫　愚
责 任 编 辑：莫　愚
标 准 书 号：ISBN 978-7-301-21703-0/K・0916
出 版 发 行：北京大学出版社
地　　址：北京市海淀区成府路 205 号　100871
网　　址：http://www.pup.cn　　新浪官方微博：@北京大学出版社
电 子 信 箱：pup_6@163.com
电　　话：邮购部 62752015　发行部 62750672　编辑部 62750667　出版部 62754962
印 刷 者：北京大学印刷厂
经 销 者：新华书店
700mm×1000mm　16 开本　18 印张　260 千字
2013 年 1 月第 1 版　2013 年 1 月第 1 次印刷
定　　价：55.00 元
